Manual *del* monje *para encontrar* *la* alegría

Título original: *A Monk's Guide to Finding Joy. How to Train your Mind and Transform your Life*
© 2024. Del texto, Khangser Rinpoche
© 2024. De la traducción, Marta López Puentes
© 2024. Del prólogo, Su Santidad el Dalái Lama
© 2024. De esta edición, Editorial Edaf, S.L.U., Jorge Juan, 68 - 28009 Madrid, por acuerdo
    con Wisdom Publications, 132 Perry Street, New York, NY 10014 USA, representados por
    ACER Agencia Literaria, 28014 Madrid.

Diseño de cubierta: Francisco Enol Álvarez Santana
Maquetación y diseño de interior: Diseño y Control Gráfico, S.L.

Todos los derechos reservados

Editorial Edaf, S.L.U.
Jorge Juan, 68,
28009 Madrid, España
Teléf.: (34) 91 435 82 60
www.edaf.net
edaf@edaf.net

Ediciones Algaba, S.A. de C.V.
Calle 21, Poniente 3323 - Entre la 33 sur y la 35 sur
Colonia Belisario Domínguez
Puebla 72180, México
Telf.: 52 22 22 11 13 87
jaime.breton@edaf.com.mx

Edaf del Plata, S.A.
Chile, 2222
1227 Buenos Aires (Argentina)
edafadmi@gmail.com

Edaf Chile, S.A.
Huérfanos 1178 - Oficina 501
Santiago - Chile
Telf: +56 9 4468 05 39/+56 9 4468 0597
comercialedafchile@edafchile.cl

Septiembre de 2024

ISBN: 978-84-414-4339-6
Depósito legal: M-18067-2024

PRINTED IN SPAIN   IMPRESO EN ESPAÑA
                                                    COFÁS

Papel 100 % procedente de bosques gestionados de acuerdo con criterios de sostenibilidad.

KHANGSER RINPOCHE

Manual *del* monje *para encontrar la* alegría

Cómo entrenar tu mente y transformar tu vida

Prólogo del Dalái Lama

www.edaf.net

MADRID - MÉXICO - BUENOS AIRES - SANTIAGO
2024

A mi maestro alentador, que me enseñó, me inspiró y ejerció de poderoso modelo en mi vida.

A mi amorosa madre, que apoya incondicionalmente mis ideas, independientemente de lo ambiciosas que sean.

A mi esperanzado padre, cuyo optimismo contagioso me motiva, incluso cuando las cosas no van bien.

A mi solidario hermano, cuya dedicación al cuidado de nuestros padres me permite campar a mis anchas y centrarme en mi misión de ayudar a los demás.

Índice

Prólogo

Khangser Rinpoche es un monje erudito formado en uno de los más destacados centros monásticos tibetanos de aprendizaje rehabilitados recientemente en el sur de la India: el monasterio de Sera Jey. Graduado con mención de honor como *geshe lharampa,* continuó su formación en el Gyuto Tantric College, donde actualmente ocupa una posición distinguida como eminencia.

Más allá de su formación como erudito de la antigua tradición india de Nalanda, conservada en los monasterios tibetanos, Khangser Rinpoche se mueve como pez en el agua en el mundo moderno. Tiene seguidores en muchos países y habla inglés con fluidez.

En este libro, *Manual del monje para encontrar la alegría,* Rinpoche nos comparte lo que ha aprendido desde un enfoque práctico. No piensa en términos de vidas pasadas y futuras, sino en cómo podemos encontrar la alegría en esta vida misma. Qué bien nos haría recordar que la humanidad es solo una, vivir juntos en armonía y ayudarnos los unos a los otros.

Como seres humanos que somos, una de las cosas más importantes que tenemos en común es el mero deseo de ser felices, nadie quiere sentirse desgraciado. El secreto para lograrlo reside en entrenar la mente. No solo se trata de dominar las emociones rebeldes, sino también de aprender a pensar de forma más positiva y sana. Al alcanzar la paz mental y cultivar la bondad en tu corazón, podemos desarrollar el coraje y la fuerza interior para que, cuando tengamos que hacer frente a las dificultades, podamos afrontarlas sin dificultad.

Rinpoche ha ilustrado su libro con relatos de muy diversas fuentes que convierten lo que cuenta en algo no solo sencillo y comprensible, sino también agradable de leer. Estoy plenamente convencido de que los lectores se deleitarán con este libro e invito a todos ellos a compartir con otros la alegría que encuentren en él.

28 de enero de 2024,
Dalái Lama

Prefacio

El detonante que me impulsó a escribir este libro fue el agradecimiento de una mujer por haberle salvado la vida. Pensaba que la única salida a su angustia implacable era el suicidio. Leyó uno de mis libros en un último esfuerzo y, tras hacerlo, sintió que podía afrontar su vida con optimismo y esperanza. Aquello la inspiró no solo a seguir viviendo, sino también a aceptar la realidad tal como fuera y a lograr un cambio de mentalidad con miras a mejorarla. Sin embargo, no fui yo quien le salvó la vida; fue la suma de la sabiduría y la compasión que he ido atesorando a lo largo de más de cuarenta años de estudio y práctica de las enseñanzas de Buda. Un buda no es ningún dios. Un buda, por el contrario, es una persona que ha despertado a la verdad de cómo son las cosas. Esta visión de la verdad, y las propias prácticas que ayudan a cultivar esta toma de conciencia, transforman el sufrimiento en sabiduría y compasión y, por ende, en alegría.

Aunque tenga un título honorífico en la comunidad budista, no soy más que un ser humano con los mismos retos que los demás. Empatizo plenamente con la lucha a la que se enfrentan todas las personas, y cuando reflexiono sobre el sufrimiento que impregna la vida actual en nuestra sociedad, siento la necesidad imperiosa de ayudar, sobre todo teniendo en cuenta el reciente aumento de la depresión y la ansiedad, que golpean con más dureza a los jóvenes y a las mujeres. La situación actual en la que vivimos ha incrementado el miedo, la pena, la tristeza, la ira, la inseguridad, la propia división y la soledad. Yo, personalmente, puedo dar fe de las enseñanzas de Buda. Yo mismo practico sus enseñanzas y puedo afirmar con absoluta certeza que funcionan. Emprender proyectos benéficos, construir un monasterio y ofrecer sus enseñanzas en todo el mundo han sido el resultado de seguir este camino. Pese a estar siempre muy ocupado con tareas filantrópicas, soy feliz. Y espero que tú también lo seas.

El hecho de escribir este libro nació como el que planta una pequeña semilla de esperanza para ti, querido lector. Junto a mi equipo de voluntarios del Instituto Dipkar de Vajrayana, sacamos tres de mis manuscritos inéditos y los fuimos trazando cuidadosamente para, después, ir depurando cada uno en busca de perlas de sabiduría que pudieran ayudar a todo aquel que estuviera atravesando dificultades en estos tiempos donde la incertidumbre acecha. A medida que el libro se perfilaba, fue tomando forma durante todo un año, como a fuego lento. En ese tiempo, lideré muchas de las reuniones de control de calidad *on line*, lo que supuso un verdadero reto para el equipo. Tuvimos que gestionar esas reuniones con la dificultad implícita de abarcar zonas horarias muy diferentes y hacernos un hueco en nuestras apretadas agendas para así poder discutir los detalles del contenido. A pesar de que no cuento con ingresos personales, gracias a las generosas donaciones económicas que recibimos, pudimos contratar a un profesional del mundo editorial que nos ayudara a orientarnos en el proceso de redacción. Me considero afortunado por haber tenido la suerte de encontrar una editorial fantástica que promueve la sabiduría a través del conocimiento, así como el deseo de ayudar a la gente a vivir bien. Ahora que el libro es ya una realidad, espero que lo disfrutes. A lo largo de todo este tiempo, mi principal foco de atención ha girado en torno a cómo puedo ayudarte a ti, lector, a vivir una vida feliz. Ojalá que las palabras de estas páginas sirvan para abrir tu mente y tu corazón, y te bendigan a ti y a los que forman parte de tu vida para que tengas una vida plena y llena de alegría.

Introducción

Lo único que siento es gratitud; gratitud por la fortuna con la que ha sido agraciada mi vida. En mayo de 1975, en Katmandú, Nepal, nací de nuevo como Sonam Topgyai. En tibetano, mi nombre significa «mérito con fuerza ascendente». Llegué al mundo de la mano de una madre entregada con un corazón bondadoso y de un padre muy optimista que me animaba a dar lo mejor de mí en cada momento. Estaba muy unido a mi madre. Su corazón, rebosante siempre de compasión, me maravillaba. Una vez, cuando yo tenía siete años, arriesgó su vida embarcándose en un largo viaje a través de un duro y peligroso camino con el único objetivo de visitarme en mi colegio, ubicado en el norte de India. Para entonces, yo ya llevaba dos años estudiando y había sido reconocido como el octavo Khangser, que significa «casa amarilla» en tibetano.

Una de las razones por las que se me reconoció como la reencarnación de este maestro espiritual es porque se corrió la voz de que era capaz de recordar mi vida pasada. Solía hablar con mi madre de los recuerdos vívidos que tenía de una vida pasada en la que montaba sobre un caballo blanco y regentaba un monasterio. Ella siempre sospechó que yo era un ser especial. Incluso cuando estaba embarazada de mí, intuía que iba a llegar lejos y que lograría algo grande y provechoso. Por eso no le extrañó que el grupo de búsqueda del monasterio de Sera Jey me hubiera reconocido como la octava encarnación de Khangser Rinpoche. Para cuando me descubrieron, con cinco años recién cumplidos, yo no tenía muy claro lo que ocurría a mi alrededor, pero sí ciertas cosas del pasado. Conservaba un recuerdo nítido del aspecto de mi anterior monasterio, sobre todo de las montañas que lo rodeaban.

También me sentía cómodo con las prácticas monásticas, como sentarme en posición de loto con las manos colocadas en el mudra de la enseñanza. Aunque no estaba seguro del papel que iba a desempeñar, enseguida quedó claro que el título de Rinpoche conllevaba una gran importancia.

Una vez confirmaron mi existencia anterior, me escoltaron hasta el monasterio del sur de India, donde se celebró una ceremonia consagratoria para celebrar mi entronización. Alumnos y monjes me saludaban, afirmando que yo había sido, y ahora volvía a ser de nuevo, su maestro. En aquel instante me sentí dichoso y bendecido. Poco después me asignaron un cuidador llamado Kelsang Chodak. No solo actuó como un padre atento y cariñoso, sino que también respondió lo mejor que supo y pudo a todas aquellas preguntas que le hice sobre la vida y el camino budista. No fue el único adulto que influyó en gran medida en mis primeros años de estudio. A los ocho años, mientras asistía a la escuela en India, conocí al gran maestro tibetano, al que considero un gran referente. Se llamaba Khensur Lobsang Tsering y fue abad del monasterio de Sera Jey. Tuve la sensación, desde la más pura intuición, de que estaba destinado a enseñarme, así que me aseguré de hablar con él. Al preguntarle si debía seguir el camino budista o no, me respondió riéndose alegremente. Él sabía que esta vía era un camino angosto y personal que uno debe optar por recorrer sin ningún tipo de presión externa. Satisfecho con su respuesta y sintiéndome agradecido por haberlo encontrado, le regalé mi preciada estatuilla de cerámica del conocido filósofo tibetano Lama Tsongkhapa. Supe apreciar el haber podido encontrar a un maestro tan excelente.

Mi maestro era una persona tranquila y sosegada, filosófica e inteligente, de esos que no se dejan arrastrar por la prisa, de los que no se precipitan. Antes de tomar cualquier decisión, sopesaba detenidamente todos los factores en juego hasta decidir qué hacer. Una vez se decidía a hacer algo, se entregaba en cuerpo y alma a su objetivo. Nunca lo vi disuadirse por chismes desagradables o comentarios desalentadores, a pesar de lo revolucionario de sus objetivos. Fue él quien insistió en que nuestras instituciones budistas adoptaran una dieta estrictamente vegetariana, a pesar de que a los monjes tibetanos les encantara la carne. La revolución también llegó de su mano a nuestro monasterio al integrar la atención sanitaria y la educación formal en nuestro sistema monástico tradicional. Fue tenaz en su esfuerzo encaminado a renovar y actualizar nuestras formas de pensar, sin duda ya obsoletas, al tiempo que seguía con paso firme el camino budista.

Durante la Revolución Cultural en China se desató una ofensiva para erradicar la religión, la cultura, la identidad y las tradiciones tibetanas.

En aquella época, mi maestro fue encarcelado durante varios años simplemente por haber enseñado a los demás una forma de poner fin a su sufrimiento. A pesar de estar en prisión, se negó a guardar rencor alguno a sus captores. Más bien, rezaba con todas sus fuerzas para ser liberado y poder seguir ayudando a otros a escapar de su angustia. Jamás renegó ni se quejó de este incidente ni se lamentó por los males. Por el contrario, insistió en que el propósito de su vida era el de servir a los demás. Su mayor deseo era ayudar a aliviar las dificultades mentales y emocionales comunes a la existencia humana.

Mi maestro y yo compartíamos este objetivo, al igual que muchas creencias fundamentales. Teníamos un estrecho vínculo, tan estrecho que justo antes de que falleciera, él mismo me hizo saber que moriría pronto. No me lo transmitió con palabras, sino con un silencio revelador cuando le pedí que rezara mientras yo no estaba. Él sabía, y yo también lo supe, que ya no estaría a mi lado para hacerlo.

A los noventa y tres años, mi maestro falleció, pero no así su misión. Su manera de ver la vida, tan moderna, así como su sabiduría y sus enseñanzas aún viven dentro de mí. Me une a él su espíritu revolucionario y el aprecio que le profesaba a los planteamientos filosóficos profundos. Me ayudó a comprender mi papel como Rinpoche. Al igual que mi maestro, mi propósito es servir a los demás. Mi misión durante las ocho vidas que he vivido ha sido la de ayudar a la gente a encontrar el camino correcto, brindar mi apoyo emocional y facilitar recursos a quienes son materialmente vulnerables. Mi maestro puso en evidencia que estoy en deuda con una multitud de personas que me han demostrado a lo largo de toda mi vida generosidad y apoyo, no solo en esta vida, sino a lo largo de otras muchas. Me alentó a saldar esta deuda kármica prestando ayuda a los demás sin esperar nada a cambio.

Gracias al aliento de mis maestros, compañeros monásticos, cuidadores, familia y maestro, no hay un solo instante de mi vida en el que no piense en devolver la generosidad de los demás. ¡Les debo tanto! Por eso he estudiado largo y tendido, mucho y muy duro, para lograr el grado más alto de erudición monástica *geshe* dentro de la tradición Geluk tibetana, un doctorado en budismo tántrico y la maestría en la tradición budista Nyingma. He dedicado toda mi vida a proporcionar medicina espiritual para aliviar lo que aflige a un espíritu destrozado. Mi misión es ayudar a tantas personas como me sea posible. En cierta ocasión, una mujer tenía tanta fe en mi misión que, aunque contaba con recursos muy escasos, me dio lo único que llevaba consigo de gran valor, su alianza de oro. Insistió en que me la quedara. Nunca he vendido esa alianza; la conservo como un precioso recordatorio de lo mucho que le debo a este mundo y a sus habitantes. Este tipo de generosidad benévola es una fuente de inspiración para mí. Gracias a personas como ella he podido emprender proyectos benéficos y de investigación de éxito en todo el mundo. Todo para contribuir a aliviar el sufrimiento del que soy testigo.

Hay sufrimientos de los que he sido testigo y de los cuales no puedo librarme. No me olvido de aquella vez que vi a un hombre débil y harapiento hurgando entre la basura para encontrar algo de comida. Reparó en un pedazo de pan cubierto de porquería que, pese a todo, devoró con una voracidad digna de alguien que no había comido en semanas. Este tipo de episodios son lo que, valga la redundancia, alimentan mis esfuerzos por contribuir a la causa de forma material. Hay quienes ni siquiera tienen los medios para disponer de lo más básico e imprescindible para vivir. No tienen comida, tampoco agua potable ni un techo bajo el que resguardarse. Si no tienen lo mínimo indispensable, ¿cómo puede alguien siquiera plantearse trabajar en su mejora espiritual? Soy consciente de que hay gente que, a pesar de amasar grandes fortunas, son pobres de espíritu. Sufren de una profunda depresión con tintes suicidas y batallan con emociones tan negativas como el odio y la codicia. Algunos de los que he conocido se han sentido tan desesperados tratando de encontrar consuelo interior que han llegado a quitarse la vida. Es ese dolor precisamente el que me impulsa a escribir libros e iniciar proyectos de investigación que aborden métodos sencillos, claros y eficaces para mitigar el sufrimiento mental y sus males físicos asociados. Por otra parte, y para evitar este tipo de confusión interna, he puesto en marcha clases presenciales y *on line* gratuitas, así como sesiones de meditación para difundir todo el caudal de conocimientos útiles que he ido adquiriendo.

Parece bastante evidente decir que todo ser humano en este mundo ansía la felicidad desesperadamente. No solo la felicidad efímera, sino la alegría constante y auténtica. Últimamente, tratamos de alcanzar la felicidad por todos los medios, sobre todo, recurriendo a los avances de la tecnología y apostando por el consumismo. Sin embargo, la felicidad no puede ni podrá existir nunca fuera de nosotros mismos. Es, sin lugar a dudas, un trabajo que viene de dentro.

Me gustaría poder ayudarte a vivir una vida plena y llena de felicidad. Honestamente, creo que cualquiera puede sacar provecho de las enseñanzas de Buda, sin importar su religión, su modo de vida o sus creencias. De hecho, está bien mantenerlas y, simplemente, integrar todo lo que sea útil de las enseñanzas budistas en tu forma de vivir. No obstante, mi tradición budista en particular no se asemeja al movimiento de atención plena (más conocido como *mindfulness)* que tan popular se ha vuelto en el panorama occidental. Aunque la meditación de atención plena, con la que uno se desprende de los pensamientos una y otra vez, puede ser muy útil, lo cierto es que en mi tradición consiste en una práctica para principiantes conocida como *shamatha*, o la contemplación de la calma. Esta meditación, en la que se utiliza la propia concentración para anclarse en el momento presente, induce a la relajación y favorece la atención plena, pero no aborda por sí misma la raíz del dolor de una persona. En cambio, la tradición del *lojong*, o entrenamiento de la mente, se ocupa de aquello que aflige. No solo amansa la mente, también la entrena para poder pensar en positivo y de una forma sana. Mediante prácticas contemplativas se forja la fuerza mental interior, de tal forma que, cuando nos enfrentemos a dificultades, podamos sobrellevarlas con facilidad. Este tipo de entrenamiento analítico de la mente es, más que un destino, un camino. Tiene por objeto conducir la mente hacia el corazón, hacia la bondad y la compasión. Es, a fin de cuentas, una forma de vivir en la que prima el cultivar la alegría. Esto es precisamente lo que conocemos como entrenamiento mental. Por eso no basta con trabajar con la mente; también es necesario integrar lo aprendido en lo cotidiano.

El único propósito de este libro es ofrecer de la forma más desinteresada y pura, que es desde el corazón, la sabiduría que constituye el eje de mi formación, y ser el medio a través del cual puedas poner en práctica estas enseñanzas ancestrales de una forma más contemporánea. Cada capítulo de este libro se cierra con reflexiones espirituales profundas y prácticas contrastadas y reales. Una vez que hayas leído las reflexiones, dedica un momento para pensar en la historia y, seguidamente, reflexiona detenidamente en la práctica correspondiente. Memoriza estas prácticas. Considéralas como un arsenal de herramientas espirituales a tu disposición para acabar con el sufrimiento. Para reforzar esas prácticas —y contribuir a forjar una mente sabia y un corazón bondadoso—, al final de este libro encontrarás una sección sobre prácticas de entrenamiento para la mente. Todas ellas están pensadas para ser utilizadas en el día a día. Aunque algunas de las prácticas puedan parecer aparentemente sencillas, te aseguro que no lo son. Tendemos a funcionar siguiendo patrones habituales, y los hábitos negativos no se rompen fácilmente. Así que te pido que no subestimes el poder que puede llegar a representar el entrenamiento de la mente a la hora de vencer esos hábitos. Enfoca estas prácticas con determinación y firmeza. No llegarás a saber si son eficaces si no las pones en práctica con tu propia experiencia. Inténtalo al menos durante algunos meses, esfuérzate y recuerda que todos tenemos el potencial para llegar a ser un auténtico Buda feliz, incluido tú.

1

Nada dura eternamente

Supongo que a estas alturas ya sabrás que nada es eterno. Pongamos, por ejemplo, la escasez mundial de papel higiénico que hubo en 2020. Cuando se emitió la orden de quedarse en casa durante la pandemia de COVID-19, el miedo sacó a relucir la creatividad de la gente que estaba confinada en casa. Así que idearon habitaciones del pánico llenas de papel higiénico. Los primeros compradores apilaron montones y montones de papel higiénico en sus carros de la compra con los que corrieron hasta la caja de pago del supermercado para después apresurarse y llegar a casa con sus coches llenos. Trataron de acumular reservas en un intento de que el papel higiénico durara para siempre. Ante esta situación, el resto de consumidores corrieron a llevarse lo que quedaba. Las redes sociales y los memes chistosos no tardaron en poner en evidencia tal desabastecimiento, alentando así otra oleada de compras masivas. Cuando los más rezagados se toparon con las estanterías vacías donde antes solía haber papel higiénico, se quedaron de piedra. Lo creas o no, mucha gente creyó que siempre habría papel higiénico al alcance de la mano. Los que llegaban con las manos vacías se quedaban boquiabiertos y murmuraban: «¿Por qué a mí?».

Llevo décadas prestando apoyo espiritual y material con mucho entusiasmo a estudiantes, comunidades, compañeros monásticos y laicos. Basándome en la experiencia de tantos años asesorando a personas con problemas, me he dado cuenta de que, cada vez que a alguien le ocurre algo terrible, la primera pregunta que parece hacerse la mayoría de la gente es: «¿Por qué a mí?». Naturalmente, cuando les ocurre algo bueno en la vida —por ejemplo, que les toque un millón de dólares en la lotería— nunca se preguntan: «¿Por qué a mí?». En lugar de eso, aceptan felizmente su suerte y dicen: «¡Qué suerte la mía, tengo mucho dinero para gastar! ¡Seguro que ahora seré feliz!». Esta es la interpretación que hacemos de nuestras circunstancias. Somos felices cuando las cosas van como queremos e infelices cuando no. Sin embargo, ¿es conveniente aceptar lo bueno y rechazar lo malo?

Inevitablemente, la vida tiene circunstancias buenas y malas. Además, preguntarte «¿Por qué a mí?» no resuelve el problema por sí solo. Sería como plantearse «¿Qué fue antes, el huevo o la gallina?» Nunca sabrás la respuesta. Así que, ¿para qué hacerse esas preguntas? Cuando te enfrentes a una adversidad, no te preguntes «¿Por qué a mí?». Pregúntate mejor «¿Qué fue primero, el huevo o la gallina?» porque tanto una pregunta como la otra son igual de ineficaces.

Es muy fácil sucumbir a la voz del «por qué yo» que se adueña de ti, pero te suplico que te atrevas a aceptar la realidad del problema tal y como es. Asumir la responsabilidad de los problemas de tu vida te empodera. Si aceptas tus circunstancias adversas, podrás transformar la problemática que te rodea y, a su vez, dar con las soluciones adecuadas. Antes que nada, debes confiar plenamente en esa verdad fundamental a la que llamamos impermanencia. Debes comprender que la vida es un constante cambio y que nada dura para siempre. Ni siquiera el papel higiénico. Aun así, no basta con oír hablar de la verdad del cambio y comprender desde el punto de vista teórico que nada es eterno. Hay que vivir la vida como si nada durara para siempre. Así que la misión de este libro consiste, en parte, precisamente en ayudarte a liberarte de la sensación de estancamiento ante tus dificultades y de quedarte atrapado en la eterna e inútil pregunta de «¿por qué a mí?

Un motivo para la esperanza

Conviene armarse de valor y aceptar la realidad de tu vida tal y como se va desarrollando. Lo cierto es que el simple hecho de estar vivo ya es una gran aventura. Tendrás infinidad de experiencias maravillosas, pero también te toparás con algunas sorpresas desagradables. Algunas de las cuales te podrán parecer incluso devastadoras. Sin embargo, hay algo cierto en todo esto, y es que siempre hay esperanza porque todo es temporal. Tú y todo cuanto encuentres estáis entre un hola y un adiós. El cambio es inevitable. Cuanto antes aceptes esta realidad, antes podrás dejar de preguntarte «¿por qué a mí?» y afrontar tus problemas para poder encontrar soluciones reales.

Cuando analizamos la causa de la escasez de papel higiénico, a más de uno le espanta la verdad inmutable de que nada dura para siempre. Lo cierto es que todo cambia constantemente. Ahora bien, otra verdad incuestionable es que tú eres mucho más inteligente que tus miedos. En tu subconsciente tienes la certeza de que el cambio es algo valioso. Por ejemplo, el confinamiento durante la pandemia de 2020 fue determinante para que eligiera qué tipo de alimentación seguir. Como mi confinamiento se produjo en un monasterio de Nepal, no me quedó más remedio que comer lo que había en la despensa común. Teníamos productos sencillos, como fideos precocinados o arroz, en cada comida. Me sentía agradecido por la comida, pero mis papilas gustativas estaban hartas de comer lo mismo durante meses. ¡Imposible que llegara un cambio antes! Por suerte, el confinamiento no duró eternamente, así que ahora sé valorar como es debido la diversidad de alimentos. Disfrutaré de esa variedad mientras pueda, y lo haré aún más sabiendo que es efímera, como la vida misma. Deberíamos sentirnos afortunados de que las cosas no duren para siempre. ¿Te imaginas comer siempre lo mismo? ¿Incluso tu comida favorita seguiría siendo tu favorita si tuvieras que comerla para siempre? Imagínate comer solo pizza de queso, o mi favorita, la hamburguesa imposible, ¡para siempre! Por suerte, vivimos en un mundo extraordinario que está lleno de cambios. El cambio, al igual que la variedad que trae consigo, hace nuestra existencia como seres mortales más agradable.

El arcoíris es un símbolo de esperanza. No habría arcoíris de colores si no fuera por la lluvia. Hay que capear el temporal incluso para vislumbrar un arcoíris. El clima es un claro ejemplo de la variedad y las sorpresas que te depara la vida. Seguro que te has dado cuenta de que últimamente esta diversidad ha sido mayor de lo esperado, con tornados incendiarios, cielos anaranjados, lluvia de cenizas, heladas intensas en pleno desierto, corrientes de roca fundida, nieve tropical e incluso casas y coches flotando río abajo. Parece cosa de ciencia ficción, pero es parte del mundo cambiante y dinámico en el que vivimos.

A mediados de febrero de 2021, en Estados Unidos, el estado de Texas, de clima habitualmente templado, se sumió en una inesperada y prolongada helada. La red eléctrica, las tuberías de los hogares y los recursos hídricos no sirvieron para hacer frente al vórtice polar. Los fallos en las infraestructuras dejaron sin electricidad a más de cuatro millones y medio de hogares de Texas y causaron doscientas cuarenta y seis muertes. Lo ocurrido allí fue una auténtica catástrofe, pero, al igual que sucede con el arcoíris, ¡había esperanza! La nieve se derritió y volvieron los servicios públicos, lo que dio a los tejanos la oportunidad de ser conscientes de los problemas a los que se enfrentaban, reparar las averías y acondicionar sus hogares adecuadamente. Aunque la calamidad de la red eléctrica de Texas no se resolvió fácilmente, sirvió para concienciar sobre un problema que ponía en peligro la vida y permitir que se hicieran cambios útiles. Si aceptas la realidad de tus problemas, el cambio te ayudará a cambiar. Tienes una capacidad increíble y natural para afrontar los retos que te plantea la vida y saber adaptarte a ellos, simplemente aceptando tus problemas y evolucionando con los cambios. Debes asumir la responsabilidad de tu mundo y confiar en que, por grande que sea la tormenta, te espera un arcoíris lleno de color y esperanza.

El cambio brinda sorpresas y diversidad; del mismo modo que no hay dos caras exactamente iguales, no hay dos experiencias vitales iguales. Es más, con el paso del tiempo tu aspecto cambiará, y tu propia trayectoria vital también lo hará. La transformación es inevitable, por eso, el primer paso para tomar las riendas de tu vida es comprender que la propia vida está expuesta al cambio. La vida, sin duda, acabará en muerte. Así es, algún día morirás, como tantos otros lo han hecho antes que tú. Aun así, te pido que no te fijes demasiado en la finalidad, sino que procures buscar formas de vivir sanas que te ayuden a apreciar el viaje de la vida aquí y ahora.

Tienes que ser práctico y saber qué es lo que le aporta valor a tu vida para que cuando estés en tu lecho de muerte puedas decir: «He tenido una vida feliz que ha merecido la pena vivir». Nunca insistiré lo suficiente sobre la importancia que tiene esto. Hay demasiada gente que desperdicia su vida sumida en la depresión por aferrarse a recuerdos del pasado que les causaron tristeza, o cavilando ansiosamente sobre lo que podría ocurrir en un futuro imprevisible. Aunque puede que no resulte evidente al principio, ambas tendencias emocionales están centradas en uno mismo. En lugar de pensar tanto en ti mismo y en tu inevitable final, te animo a que prestes atención al mundo en constante cambio que te rodea. Nada de lo que hay en tu vida actual durará para siempre. Ni un objeto, ni un sentimiento, ni una circunstancia, ni tu percepción, ni tan siquiera la consciencia quedarán intactas. Sin embargo, te aseguro que la transformación es tu arcoíris de esperanza. Si aceptas por completo la inevitabilidad del cambio, podrás sobrellevar sin duda los momentos más fugaces y dolorosos de tu vida.

La creencia de que nada dura para siempre es algo que resulta más fácil de decir que de hacer. Imagina que acabas de comprar un *smartphone* nuevo o cualquier otro artículo de última tecnología al que le habías echado el ojo desde hace algún tiempo. Es más, siempre has querido algo de última generación como esto y, ahora por fin tienes el dinero para comprarlo, al igual que ocurre con la mayoría de las cosas nuevas, rápidamente te encariñas demasiado con este artilugio y sus prestaciones. ¿Cómo te sentirías si le ocurriera algo totalmente inesperado a tu flamante dispositivo? ¿Cómo te sentirías si se rompiera la pantalla, se cayera al agua o simplemente no se cargase del todo la batería? Aunque le ocurriera algo sin importancia, lo más probable es que te sintieras molesto e indignado. No obstante, si simplemente te recordaras la verdad de que nada dura para siempre, no te pondrías tan nervioso cuando ocurriera algo así. Comprenderías que es natural que las cosas cambien con el tiempo. Cuando contemples la realidad del cambio, tu mente comenzará a esperárselo, y no te sorprenderás tanto. En consecuencia, estarás mucho más tranquilo cuando algo se rompa o se te pierda.

Tal vez no te importe que lo que te rodea cambie. Quizá no sientas tanto apego por tus dispositivos, pero ¿te sientes bien cuando te miras al espejo y ves reflejado en él los cambios? ¿Estás bien cuando hay cambios en tu estado de salud, en el grado de dolor que percibes o en tu movilidad? Hay quienes sienten un gran apego por su cuerpo y les cuesta soportar los cambios que, inevitablemente, se producen en él con el paso de los años. Cuando se está muy vinculado al cuerpo, se tiende a tener la noción de que el propio cuerpo sigue siendo el mismo que antes y que no ha cambiado con el paso del tiempo. A veces, ese camino conduce a adoptar una forma de vestir y un comportamiento inapropiados para la edad. No obstante, seamos francos: ni la forma de vestir ni la de comportarse como un chaval pueden impedir el paso del tiempo, tal vez, y solo tal vez, disimularlo un poco.

Si tienes la suerte de vivir muchos años y tener una de esas vidas longevas, es cuestión de tiempo que algún desconocido acabe ofreciéndote un descuento *para mayores*. Puede que alguien comente que ellos también son abuelos, o simplemente te diga que tu pelo empieza a tener un poco más de sal que de pimienta. Si sientes apego hacia tu edad y alguien se limita a insinuar que estás envejeciendo, solo eso ya puede ser suficiente para que te plantees la posibilidad de someterte a una operación de cirugía estética. Ver que tu cuerpo envejece puede disgustarte bastante. Las personas que sienten apego a la edad se niegan a reconocer la verdad de lo mucho que ha cambiado su cuerpo. Si sientes apego por la edad, puede resultarte difícil, pero te conviene asumir la realidad de la edad que tienes. Al fin y al cabo, solo el queso mejora con los años. A medida que tu cuerpo se vuelve frágil con el tiempo, necesita una atención más plena y un cuidado aún más extraordinario. Aceptar tu edad, respetar tus limitaciones y cuidar de tu cuerpo en proceso de envejecimiento es un acto de bondad hacia ti mismo y hacia los tuyos.

¡Para desarrollar el sentimiento de alegría es esencial aceptar la verdad! ¿Cómo puedes llegar a sentir felicidad si estás atrapado en una maraña de mentiras? A partir de ahora, aprovecho para animarte a que aceptes la verdad de la naturaleza temporal de las cosas, incluidas las dificultades que puedas encontrar en la vida. Cuando estés en plena vorágine de problemas, no empeores las cosas luchando contra la verdad. Acepta tus circunstancias y deja de creer que las dificultades y el sufrimiento que estas causan son ilimitados. No cedas a tus preocupaciones. Tu preocupación interminable da lugar a fábulas mentales engañosas, a un diálogo interno negativo y a un sufrimiento aún mayor. Si te sientes atrapado en tus problemas, la práctica que encontrarás al final de este capítulo puede ayudarte.

Nubes de emoción

Me consta que las personas que sufren un episodio de depresión son especialmente propensas a dar por sentado que sus penurias y sufrimientos son irremediablemente eternos. Incluso la depresión leve tiene un carácter enmascarador que hace que resulte aún más difícil aceptar la verdad del cambio. Te hace sentir que nunca te librarás de las dificultades que encuentres, por lo que cuesta más esfuerzo ver la naturaleza efímera de las adversidades. Sin embargo, deseo de todo corazón a los que os sentís presos de la depresión que tengáis la certeza de que existe la posibilidad de mejorar, de superarse, de superarla. La esperanza es una realidad sólida. Aunque te puedan parecer eternos, estos sentimientos desesperados de inseguridad y tristeza son como nubes pasajeras en el cielo. Aunque esas nubes de emoción ocultan el sol, la verdad de los cambios sigue brillando detrás con fuerza. Tus dificultades no tienen por qué ser permanentes. Cuando te sientas estancado emocionalmente, comprometerte con una práctica firme en la que contemples la transitoriedad puede ayudarte a sacar a tu mente de entre las nubes de la tristeza. Un consejo: si tras esta práctica sigues sintiéndote irremediablemente inmerso en la depresión, por favor, acepta la realidad del problema y busca la atención profesional adecuada. La depresión clínica es un asunto médico muy serio que puede abordarse con el tratamiento adecuado. Una vez estés bajo tratamiento, pregunta a tu médico si este tipo de práctica es aconsejable.

No olvides que el cambio es inevitable. A pesar de lo terrible que pueda parecerte la vida, no tienes por qué sentirte retenido por emociones negativas, porque nada es para siempre. Puedes encargarte de las mejoras que te gustaría ver. Si aceptas la realidad tal como es, animarás a tu mente a buscar alternativas realistas. Céntrate en la inevitabilidad del cambio y sé más amable contigo mismo. Cualquier problema al que te enfrentes y el dolor consecuente que sientas, por fuerte que sea, pasará con la misma certeza con la que las nubes se abren paso y el sol vuelve a brillar.

Familiarizarse con la imprevisibilidad de la vida

La pandemia del COVID-19 nos dejó una gran lección sobre la dura realidad de que nada dura para siempre. En todo el mundo se perdió la estabilidad económica, la seguridad laboral, los servicios de asistencia, cómo debía ser el estilo de vida e incluso cierta esperanza. También se perdió la salud mental y física de calidad que solíamos tener. Con todo, lo más importante es que se perdieron vidas. Este fatídico acontecimiento puso de manifiesto nuestra mortalidad colectiva y lo bien que reaccionamos los seres humanos ante cualquier cambio significativo. Muchos se quedaron preguntándose «¿por qué a mí?». Pero hubo otros encararon la verdad con valentía y trataron de encontrar una solución a esta crisis mundial. En cuanto el Centro de Control de Enfermedades y la Organización Mundial de la Salud sacaron a la luz la índole catastrófica de este contagio, se desplegaron diversos esfuerzos de cooperación entre distintos sectores de la sociedad. Las empresas farmacéuticas privadas se unieron a las autoridades sanitarias públicas y a los laboratorios universitarios para combatir el creciente número de víctimas del COVID. Tras arduos intentos de desarrollar una cura, al final se desarrollaron vacunas lo suficientemente útiles como para ralentizar la velocidad con la que esta enfermedad infecciosa era capaz de cobrarse vidas. El hecho de que los investigadores médicos y científicos reconocieran la realidad del cambio fue decisivo para ayudar a reducir la gran cantidad de sufrimiento provocado por esta enfermedad tan extendida. Esto es un ejemplo de cómo la aceptación de la verdad es la verdadera clave de la transformación positiva.

En mi rincón particular del mundo, tuvimos que aceptar una verdad diferente. En Occidente, las vacunas eran tan fáciles de conseguir como una Coca-Cola. Sin embargo, donde yo vivo, la vacuna contra el COVID era tan rara y valiosa como el oro. Aun así, tuve la suerte de que me ofrecieran una vacuna poco después de que se desarrollaran, pero la rechacé; no porque esté en contra de las vacunas, sino porque en ese momento crucial yo sabía que, si la aceptaba, a otra persona se le negaría una vacuna que podía salvarle la vida. El trabajo que he desempeñado a lo largo de mi vida me ha permitido alcanzar un nivel de comodidad y familiaridad con la imprevisibilidad de la vida. Como consecuencia, no le temo a la muerte. Tengo la certeza de que la muerte, como todo lo demás, tampoco es eterna.

Soy un gran admirador del Dr. Ian Stevenson, un destacado psiquiatra, así como de sus fascinantes y meticulosos estudios sobre los recuerdos que guardan los niños de vidas anteriores. El Dr. Stevenson dedicó un gran esfuerzo a analizar científicamente los detalles de sus descubrimientos como investigador de la Universidad de Virginia. Lo que descubrió fue suficiente para convertir incluso a un escéptico empedernido en creyente del concepto de «renacer». El Dr. Stevenson estudió los recuerdos de vidas pasadas de miles de niños del mundo entero. En repetidas ocasiones, pudo identificar a figuras relevantes a partir de sus recuerdos y corroborar que los recuerdos de vidas pasadas de aquellos niños eran muy precisos. Personalmente, me identifico con sus hallazgos puesto que yo también tengo una vida anterior que puedo recordar. Sé, por tanto, que la muerte, como todo lo demás, no es más que un proceso natural de transformación y cambio. A algunas personas les cuesta aceptarlo. Sin embargo, basta con comprender de una forma muy básica que tu existencia colgará de un hilo para siempre para que tu calidad de vida cambie por completo y sientas que puedes vivir de una forma más positiva.

Supongamos que aceptas la realidad de que nada dura para siempre. En ese caso, sabrás también que ninguna etapa de ningún proceso particular será eterna tampoco, ni siquiera el de la muerte. En parte, ese es el motivo por el que no temo a la muerte. Soy consciente de que abundan las ideas sobre lo que hay después de la muerte, pero me gustaría compartir lo que he aprendido sobre el tema. No quiero asustarte; simplemente pretendo serte útil y familiarizarte con lo que he descubierto sobre este proceso. Espero que el hecho de compartir lo que sé sobre el tema te ayude a vencer parte de tu miedo a uno de los cambios más trascendentales y misteriosos de todos.

La gente evita el tema de la muerte porque la sola idea puede resultar aterradora. Sin embargo, no hay nada que temer; morir es tan natural como la vida misma. Y si has leído alguno de los libros del Dr. Stevenson, como yo, es lógico deducir que la muerte no es más que un trampolín hacia una nueva vida. No es necesario que creas lo que digo; al fin y al cabo, lo más sensato es que tú mismo investigues sobre el tema. No obstante, espero que la información que he ido recopilando a lo largo de toda una vida de estudio en profundidad de los trabajos que han ido legando y contrastando los expertos a lo largo de los siglos te sirva de ayuda. Antes de nada, me gustaría facilitarte un desglose básico de los cambios que experimentarás durante el proceso de la muerte para hacerlo lo más predecible posible. Cuanto más sepas, menos te sorprenderás cuando llegue tu hora.

El proceso de la muerte

Tu cuerpo está formado por cuatro elementos generales: el elemento tierra, como los minerales que componen tus huesos; el elemento agua, como tu sangre; el elemento fuego, como el calor que desprende tu cuerpo; y el elemento aire, como el aliento de tus pulmones. Cuando el cuerpo está a punto de alcanzar su fin, la mente inteligente —o el alma, la esencia o como quieras llamarla— sabe que ha llegado el momento de dejarse ir.

Al principio, tu cuerpo y tu mente se empiezan a disociar, lo que provoca una serie de cambios físicos. Inicialmente, el elemento tierra abandonará tu cuerpo, lo que da lugar a una sensación de que tu cuerpo se está cayendo, aunque claramente no sea así. A continuación, el elemento agua sale de tu cuerpo, provocando sed y una sensación de sequedad. Después se desprende el elemento fuego, lo que hace que la temperatura de tu cuerpo se enfríe gradualmente. Luego, por último, el elemento viento abandona tu cuerpo, y tu respiración traquetea hasta detenerse. Estas son las etapas *naturales* y universales de la muerte con las que se encuentra todo cuidador de enfermos terminales. Evidentemente, no son las etapas de una muerte súbita o inducida por fármacos. Es fundamental que seas amable y delicado contigo mismo mientras recorres este proceso. Una vez que la respiración se detiene y tu corazón deja de latir, desde la perspectiva de la ciencia médica, se produce la muerte clínica del cuerpo. Se trata de algo bastante natural; todo el mundo debe pasar por ello, y es tan solo otro cambio. Si en estos momentos esto te parece demasiado para lo que tu mente puede abarcar, trata de imaginar el estado en que te encontrarías si vivieras indefinidamente. Cuando se llega a una edad avanzada, el cuerpo ya empieza a sentirse un poco dolorido. ¿Te imaginas lo dolorido que te sentirías dentro de cien años más?

Una vez que la muerte clínica se haya producido y los órganos del cuerpo empiecen a apagarse, verás una luz blanca. Ver esta luz es algo así como ver algo en un sueño lúcido. En un sueño lúcido, eres consciente de que estás soñando y, por tanto, tienes una sensación de control sobre lo que ves. No hay por qué temer nada en este tipo de sueños. Según la Organización de Cuidados Paliativos de los EEUU, este periodo de cambio sensorial puede originarse justo antes de la muerte clínica. La persona que está muriendo puede experimentar y vocalizar una serie de alucinaciones con las que se encuentra. Pueden oír, ver o sentir cosas que los vivos no perciben. Estas alucinaciones pueden asustar o reconfortar al moribundo, en función del contenido. La persona puede decir que ve figuras religiosas. Puede hablar de emprender un viaje o de cualquier otro asunto relacionado con los viajes, como hacer la maleta o subir a un avión. La conciencia de su muerte puede traer una sensación de paz, especialmente si conlleva la perspectiva de reunirse con sus seres queridos o con seres espirituales. A medida que avances por este estadio, ya sea antes o después de la muerte clínica, debes saber que, aunque te encuentres con una temible bestia, no es real y solo es una proyección de tu extraordinaria mente. De hecho, si comprendes esto, podrás disfrutar de cualquier aparición dentro de este estado onírico lúcido. Llegados a este punto, tu mente se está desprendiendo totalmente de tu cuerpo.

Tras la fase de cambios sensoriales y la aparición de la luz blanca, le sigue una luz roja y luego la oscuridad. Estas apariciones son más que suficientes para reconocer con certeza que se está experimentando el proceso de la muerte. Es como quedarse dormido. Las percepciones ordinarias, como oír y ver, desaparecen. Entramos de forma gradual en un estado de conciencia muy sutil al que le sucede un estado de tranquilidad profunda y real en el que cesa la percepción sensorial corriente.

Cuando nos encontramos con la oscuridad no podemos percibir nada; es como desmayarse. Lo sorprendente de estar inconsciente es que es bastante reparador.

Tras este periodo de penumbra, vemos la claridad. La luz clara es el encuentro más directo que puedes tener con tu verdadera naturaleza, o lo que yo denomino «naturaleza búdica». A la experiencia de la luz clara le acompaña una sensación muy característica de espacio, libertad y vacío. Algunas prácticas budistas, como la familiarización con la impermanencia y las etapas de la muerte, suponen una especie de preparación para este encuentro. Una vez que te topas con la luz clara, mi tradición considera que ya has fallecido oficialmente. Puesto que la contemplación de la luz clara es la mayor oportunidad para alcanzar la iluminación, es imprescindible que prestes mucha atención y te concentres por completo en lo que estás experimentando. Esa luz clara puede durar desde un instante hasta tres días, y puede dar lugar al mismo despertar. Es una experiencia espiritual de un inmenso espacio en blanco. No hay objetos sensoriales ni colores bonitos, solo el gran vacío de la visión de la luz clara. Este estado limpio y puro del ser, libre de alucinaciones, puede dar lugar a proyecciones mentales. No olvides que, sea lo que sea lo que encuentres, no debes temer; no es más que un producto de tu mente, equiparable a una alucinación. Por eso, ahora debemos establecer hábitos de vida saludables. Esos hábitos saludables —por ejemplo, de meditación, oración, generosidad, autorreflexión y uso activo de las prácticas de este libro— pueden facilitarte el manejo de tu estado mental a lo largo del proceso de morir. Conforme a mi tradición budista, creemos que la forma en que vives tu vida presente y tu estado mental en el momento de la muerte tienen influencia en tu vida posterior. Nuestras prácticas espirituales aspiran a acabar con los miedos y los remordimientos, de modo que podamos vivir y morir en paz, con alegría y, posiblemente, hasta con dicha. Cuanto mejor sea tu práctica, mejor será tu resultado.

Prepararse para el futuro

Tus marcadas improntas *kármicas* y tus tendencias más habituales desempeñan un papel importante en la configuración de tu futuro. Tales huellas tienden a transmitirse de una vida a otra. La investigación del Dr. Ian Stevenson sobre los recuerdos de vidas pasadas de los niños aborda este fenómeno. Este doctor llegó a la conclusión de que existen correlaciones entre el recuerdo de la forma en que uno murió en su vida pasada y las fobias del presente. Por ejemplo, si un niño tiene un recuerdo de haberse ahogado en su vida pasada, muestra un miedo muy intenso al agua en su vida actual. Observó que los niños perdían sus conductas fóbicas una vez que se desvanecía el recuerdo de esa vida anterior. El Dr. Stevenson también recogió muchos casos de niños que poseían malformaciones congénitas y marcas de nacimiento asociadas a heridas mortales de su vida anterior. Al parecer, las experiencias de vidas pasadas no solo afectan a la vida actual de una persona mentalmente, sino también físicamente. Cómo se vive, cómo se muere y el estado anímico en el momento de la muerte son factores importantes en el renacimiento. Conocer nuestra condición de impermanencia y las prácticas de preparación mental pueden ayudarte a afrontar ese cambio tan descomunal que es la muerte.

Como maestro budista reencarnado, yo creo firmemente en el renacimiento. Elegí renacer para ayudar a la gente a vivir con alegría y paz.

He vuelto para ayudar a los seres a despertar a su verdadera naturaleza. Aun así, para que yo pueda ayudarte, no es necesario que creas en la posibilidad de vivir varias vidas. De hecho, que elijas o no una preferencia religiosa carece de importancia para mí. Lo esencial es que te centres en la mejor manera y la más sana de vivir tu vida en este momento. Tu vida no durará para siempre y eso la hace aún más valiosa. En mi tradición, vivimos nuestra vida momento a momento, y siempre conscientes de la muerte. Practicamos cierto tipo de meditación sobre la muerte centrándonos en lo siguiente, sobre lo cual tú también puedes dedicar un momento a reflexionar.

> La muerte es segura. No puedes escapar de la muerte, así que debes practicar desde ahora para alcanzar tu potencial espiritual y mental más elevado. El momento de la muerte es incierto. Tu cuerpo físico es vulnerable a las enfermedades y a las situaciones que amenazan la vida. No importa si eres joven o viejo, si estás enfermo o sano: puedes morir a pesar de esas circunstancias. La vida es el intervalo entre nacer y morir. No sabes cuánto durará, así que practica ahora, no más tarde. Tu práctica espiritual y mental es lo único que te ayudará en el momento de la muerte. Tu riqueza, parientes, amigos, cuerpo y demás no pueden servirte de ayuda en el momento de tu muerte. Pensar así puede resultar morboso, pero hace que tu vida tenga más sentido; te ayuda a enfocarte en lo que es verdaderamente importante y te permite hacer frente a la muerte con valentía y esperanza.

El objetivo principal de esta meditación es aceptar el cambio y vivir con la idea de que ni tú ni los que te rodean estaréis aquí para siempre. Es imprescindible no pasarse la vida preocupado, disgustado o enfrascado en discusiones sin sentido, sino hacer que tu existencia fugaz sea tan maravillosa como sea posible.

Para entenderlo mejor, imagina que eres uno de cinco prisioneros. Los cinco os habéis hecho daño los unos a los otros y, en consecuencia, sois enemigos mutuos. Para vuestra desgracia, os meten a todos juntos en una pequeña celda. Tras veros obligados a estar en compañía de aquellos a quienes despreciáis, os dicen que los cinco seréis ejecutados al día siguiente. Al principio puede que discutáis, pero una vez que os dais cuenta de verdad de que la vida de cada uno de vosotros acabará al día siguiente, ¿crees sinceramente que discutiríais durante toda la noche? Si perdonaras y fueras amable con tus compañeros de celda, ¿cómo podrían cambiar las cosas para ti?

Esta situación no es muy diferente a nuestra vida real. Ahora mismo, vivimos codo con codo en este mundo dinámico y en continuo cambio. Todos dependemos los unos de los otros para disponer de cosas como bienes y servicios, pero todos tendemos a discutir y a tener pensamientos egoístas del tipo «por qué a mí». Dentro de treinta, cuarenta o cincuenta años, puede que tú ya no estés. Quizá incluso antes, ¿quién sabe? Es posible que dentro de quince años. Podría ser incluso menos tiempo, tal vez solo unos días. Nada es eterno, así que ¿por qué desperdiciar tu valiosa y fugaz vida peleando con los demás y estando disgustado? Eres digno de una vida alegre, pero está en tus manos que eso ocurra.

Esto me recuerda a una historia. Hubo una vez un hombre que deseaba con todas sus fuerzas ir al cielo. Era estricto en el plano espiritual. Durante muchos años, había evitado la influencia corruptora del mundo, viviendo desnudo en el bosque y comiendo solo un poco al día. En consecuencia, su salud empezó a flaquear. Cuando por fin fue a ver a un médico, se encontraba débil, tembloroso y repleto de picaduras de insectos. El médico lo examinó y le dijo que debía cuidar más de su salud o moriría antes de lo previsto. Tras pensárselo un poco, el médico se apiadó de su rebelde paciente. Le ofreció un mes gratis en un excelente balneario de Suiza. Esperaba que el hombre se recuperara antes de reanudar una práctica espiritual más sana, tal como había deseado el médico.

El hombre se negó a aceptar porque estaba profundamente comprometido con su práctica asceta espiritual y no podría alojarse en un balneario tan lujoso. Sin embargo, el doctor se lo dejó claro: «Usted elige: Suiza o el cielo». Pasados unos minutos desde su salida del hospital, el hombre volvió a entrar temblando en la consulta del médico, gritando: «¡Vale, vale! Lo he decidido: ¡me quedo con Suiza!». Así es la naturaleza humana: lo que más deseamos es la felicidad, y la queremos en esta vida y no en el más allá. Lo mejor es ser realista. La realidad es que nada dura para siempre; las cosas cambian, así que ¿por qué no ocuparse de cómo cambian?

Ondas en el estanque

La realidad del cambio es la demostración confirmatoria de que tu vida es milagrosamente maleable. Tu vida es como el agua, que no tiene forma propia. Si viertes agua en un recipiente redondo, adopta una forma redonda; si la viertes en un recipiente cuadrado, adopta una forma cuadrada. Del mismo modo, tu vida adopta la forma de tus elecciones. Si eliges bien, tendrás buenos resultados. En cambio, si eliges mal, tendrás malos resultados. Muchas personas toman la acertada decisión de meditar para serenar su mente. Optar por trabajar la mente es un paso adelante en la dirección correcta. No obstante, para conseguir una alegría sostenible a largo plazo, no basta con que calmes a tu mente; también debes decidir ser el arquitecto que construya un mundo en el que merezca la pena vivir. Es más, no solo debes hacerlo con la mente, ¡también con el corazón! Tu mente y tu corazón funcionan como un equipo. Si tomas decisiones sabias que impliquen cuidar y compartir con los demás, crearás un mundo lleno de paz y compasión. Tus elecciones son fuente de cambio.

¿Has lanzado alguna vez una piedra a un estanque y has visto cómo sus ondas se hacían cada vez más grandes hasta llegar a la orilla? ¡Es increíble cómo una simple y mínima acción puede tener un efecto tan considerable! Las decisiones que tomas y el comportamiento que decides tener tienen un efecto similar: comienzan con algo pequeño y luego cobran fuerza. Por ejemplo, si uno de tus compañeros se comporta como un miserable, ese mal ambiente suele propagarse como una enfermedad infecciosa. Se expande por todo el entorno de trabajo hasta que todos se contagian de su irritabilidad. Todos están tan malhumorados que no pueden esperar a que acabe la jornada laboral. Por el contrario, supón que alguien en el trabajo está especialmente feliz. Sonríe, saluda y, en general, es amable con los demás. En ese caso, su alegría tiene el potencial de propagarse por todo el lugar de trabajo, como si fuera una canción pegadiza.

Muchos parten de la base de que sus elecciones y su forma de actuar solo afectan a sus más allegados, lo cual es un grave error. Si piensas en el efecto que las personas más cercanas tienen en la gente que las rodea, y en el impacto que esa gente tiene en los demás, verás que el círculo de influencia no hace más que ampliarse. Tus decisiones tienen un efecto de tal alcance que es imposible que sepas cuál será la repercusión de tus actos. Posteriormente, después de que los efectos de tu decisión hagan sus vueltas a través de otros, te afecta de nuevo a ti, en una especie de bucle de retroalimentación. Se parece mucho a cómo las olas golpean la orilla y luego vuelven a su lugar de origen por medio de la corriente de retorno. Lo que llamamos «karma» son los efectos de aquello que has hecho que circule y que regresa a ti. Por eso, un mundo feliz comienza contigo. Primero tienes que hacerte feliz a ti mismo. Esto se consigue afrontando la realidad del cambio y, en particular, el cambio ineludible al que llamamos muerte. Debes comprender cómo son realmente las cosas, algo a lo que este libro puede ayudarte.

Espero de corazón que elijas vivir fuerte de mente y tener un corazón feliz. No malgastes esta efímera oportunidad llamada vida quejándote de los problemas e inconvenientes, de las estanterías vacías de las tiendas donde antes había papel higiénico. No te preguntes simplemente «¿por qué a mí?». Si consideras que te atormenta la vida y estás sufriendo en lo más profundo, recuerda que, sea cual sea el problema, no será para siempre. Nada es eterno; todo está en constante transformación, igual que tú. Cuando quemas un tronco, ¿desaparece o se convierte en ceniza y humo? El cambio constante es nuestra realidad común. Aprovecha al máximo esta circunstancia y decídete a ser el arquitecto de tu mundo en continuo proceso de evolución.

Reflexión

Hace mucho tiempo, había un gobernante muy poderoso que buscaba la sabiduría. Se preguntaba cómo hacer feliz a un hombre triste, y triste a un hombre feliz. Como no sabía por dónde empezar, pidió a su consejero espiritual de confianza que le ayudara a encontrar la respuesta. Confiando en poder encontrar una respuesta útil a una pregunta tan sabia, aquel hombre santo no perdió el tiempo. Buscó por todas partes, pero nadie sabía darle una respuesta. Como ya no le quedaba ningún lugar en el que buscar, decidió inspeccionar los barrios del reino. Tras registrar casi cada centímetro del reino, pensó que tal vez tendría que darse por vencido. Fue entonces cuando oyó unos silbidos de alegría. Siguiendo el alegre sonido, se dirigió a un callejón polvoriento donde silbaba un alegre artesano. «Hola, alegre mercader», le saludó el hombre santo. «¿Podrías ayudarme a resolver el dilema de cómo hacer que un hombre triste se alegre y un hombre alegre se entristezca?». El comerciante se lo pensó un momento, y entonces le dijo que podría darle una solución a su problema. Una mueca de alegría se dibujó en el rostro del consejero.

Tras pensárselo un poco más, el artesano susurró algo al oído de su abuelo, que le ayudaba en sus labores. El anciano se dirigió lentamente a su taller. Al cabo de algunos golpes, volvió cargando un brillante anillo dorado, que entregó al santo varón. «¿Esta es la solución?», preguntó el consejero del rey, que no esperaba un anillo. Examinó detenidamente la joya. De pronto, una gran sonrisa se dibujó en su rostro. «¡Ah, sí! Con esto bastará». Sin vacilar, entregó al mercader una bolsa de monedas y se dirigió rápidamente hacia el rey. No veía la hora de ofrecerle la solución.

Una vez ante las puertas del palacio, se apresuró a subir las escaleras y entrar en los aposentos del rey. «Aquí tiene la respuesta, mi señor». El rey parecía disgustado. No esperaba una joya. El curioso gobernante levantó con cuidado el anillo y lo inspeccionó. Tras un minucioso análisis contemplativo, se quedó boquiabierto. «¡Ya veo!», se sonrió. Nunca pensó que su consejero espiritual le traería un anillo que le hiciera reflexionar sobre el tiempo y el cambio, sobre el pasado, el presente y el futuro. Por fuera, el anillo parecía sencillo, pero en su interior llevaba grabadas las siguientes palabras: «Esto también pasará».

Tómate tu tiempo para reflexionar sobre estas palabras: «Esto también pasará». En efecto, al igual que el papel higiénico, nada dura para siempre; todo cambia. Esta realidad, de que no puedes apegarte a nada, es fácil de oír pero difícil de interiorizar. El cambio puede ser doloroso. Si sientes dolor, desprenderte de él te parecerá gratificante. Sin embargo, al igual que el picor que desaparece temporalmente después de rascarte, la satisfacción que sientes es solo momentánea, porque la sensación de picor volverá. El dolor y el disfrute son inevitables en la vida. Puede que te motive desprenderte del dolor porque duele, pero ¿acaso no es también dolorosa la fugacidad de las experiencias placenteras? El hecho de desprenderse de algo o de alguien con quien disfrutas provoca dolor. El disfrute y el dolor son tan breves como tu vida.

Los recién nacidos aún no han aprendido mucho sobre la vida tal como la conocemos, pero tienen instintos básicos de supervivencia, como llorar cuando tienen hambre o están enfermos. Con el tiempo, las experiencias que vives te condicionan a ser de una determinada manera, al margen de estos impulsos instintivos. Buda dijo que *todas las cosas condicionadas tienen la naturaleza de desvanecerse*. Puede que lo sepas por tu experiencia de la infancia, pero cuando eres joven, tu fecha de caducidad te parece lejana, así que no te preocupa en absoluto la mortalidad. Sin embargo, a medida que vas envejeciendo, ves la línea de meta más clara. Pensar en tu muerte puede causarte pavor; al fin y al cabo, es el cambio más significativo de todos. De ahí que sea crucial darse cuenta de lo inevitable de la transformación.

Contemplar la naturaleza fugaz y dinámica de las cosas te ayuda a despertar la inteligencia y la capacidad de aceptar cómo son realmente las cosas, de modo que no te alteres al enfrentarte a la realidad del cambio y la impermanencia. Cuando piensas en la gente o te encuentras con algún objeto, no sueles tener en cuenta que están en proceso de transformación. Te aferras o te apegas a las cosas pensando que son inmutables y permanentes.

Si reflexionas habitualmente sobre lo momentáneo de las cosas, cambiará la forma en que percibes tu mundo. Si luego te preguntas por qué cambia, podrás ver que existen diversas razones. El cambio depende de las causas y las condiciones. Tu práctica es cultivar la conciencia de que todo lo que ocurre y con lo que te encuentras está en proceso de cambio. Cuando empieces a aceptar que las cosas cambian, podrás empezar a vivir tu vida y a tomar tus decisiones basadas en esa verdad.

Dedica veinte minutos a investigar mentalmente la transitoriedad y la impermanencia de la vida y las diversas razones, o causas y condiciones, que influyen en esos cambios. Comienza por ti mismo; después, piensa en las personas más allegadas; luego, en tus vecinos; después, en aquellos hacia los que sientes cierta indiferencia; después, en los llamados «enemigos»; y, por último, considera la impermanencia de todo ser.

No puedes alterar la verdad de que nada dura para siempre, pero sí puedes adaptar tu actitud una vez que comprendas la auténtica esencia de los fenómenos. A partir de este punto, sé consciente de que nada es para siempre.

2

Un mal caso de GAS

M e gustaría abordar algo que a todos nos pasa de vez en cuando y que realmente apesta: ¡LOS GASES! No me refiero a flatulencias o pedos. Me refiero a algo que huele mucho peor: la codicia, la ira y la estupidez —o GAS, el acrónimo que acuñó ingeniosamente el autor, profesor y erudito budista Dr. Kenneth K. Tanaka. Esto no quiere decir que el gas al que nos referimos cuando pensamos en flatulencias y el GAS no tengan una similitud obvia. Los dos generan sensación de incomodidad y pueden desagradar a la gente que está alrededor, pero el GAS también es la raíz de muchas emociones perturbadoras y conduce a la infelicidad. Es particularmente insidioso en lo que se refiere al consumismo. El término «consumismo» lleva implícita la palabra «consumir» por una sencilla razón: la teoría supone que el aumento del apetito por adquirir bienes y servicios redunda en beneficio de la economía. Sin embargo, el consumismo ha traído consigo un montón de gente hambrienta, y entre tanto consumo, no es de extrañar que todo el mundo parezca estar afectado por el GAS.

G del término inglés *Greed,* que significa «codicia»

El infame Black Friday (Viernes Negro) es un ejemplo perfecto de ello. Esta jornada de rebajas hace honor a su turbia historia. Aunque hay muchos mitos en torno al origen de este día, el término fue acuñado en la década de 1950 por agentes de policía de la ciudad de Filadelfia.

Las fuerzas del orden tuvieron que pasar muchas horas aquel frenético viernes ocupándose de turbas de compradores descontrolados y ladrones en el primer día de compras de la temporada navideña, además de los fanáticos del deporte entusiasmados por el popularísimo partido de fútbol americano entre el ejército y la marina. Como evento comercial, fue arraigando poco a poco por todo Estados Unidos hasta coincidir oportunamente con el día siguiente a la festividad estadounidense de Acción de Gracias, cuando muchos compradores tenían tiempo libre para comprar los regalos de Navidad. Con el tiempo, el Black Friday dejó de ser un día de compras ajetreado para convertirse en una conquista frenética de productos a buen precio. A veces puede llegar a ser tan peligroso como correr delante de un toro en un encierro en España. El escenario por excelencia del Black Friday empieza con largas colas de compradores madrugadores que levantan campamentos frente a grandes superficies o centros comerciales durante toda la noche. Esperan hacerse con las pocas y suculentas gangas que las tiendas anuncian para atraer a la clientela —por lo general, solo se trata de unos cuantos artículos de gran valor que cuentan con importantes descuentos. Aun así, los compradores esperan interminables horas y, en cuanto se abren las puertas, una masa se abalanza temerariamente sobre los artículos en oferta. ¡Todos se agolpan, empujan y compiten entre sí como si les persiguieran los toros! Cuando consiguen hacerse con una de estas ofertas, puede que se desate una batalla mientras los demás tratan de apoderarse de ella. A veces la cosa se reduce a simples empujones, mientras que otras, el altercado puede poner en riesgo la vida.

El Black Friday ha echado raíces en otros países y se ha expandido a otros eventos de ventas como el Cyber Monday. ¡Ojalá se extendiera más el desconocido «Martes de Regalos»!

Ya sea en persona o por Internet, está claro que ir de compras es un entretenimiento muy popular. No es culpa tuya que te guste comprar. El sistema de recompensa de tu cerebro se activa cuando compras artículos, sobre todo si consigues una ganga. Esto genera una sensación de poder y placer tan intensa que es fácil olvidarse por completo del sentido común y despilfarrar el dinero de manera desenfrenada. Las resonancias magnéticas corroboran que el efecto que producen las compras en la actividad cerebral es comparable a la sensación de placer que producen las drogas —comprar también crea adicción. Además, en ocasiones, genera codicia. No me malinterpretes, no es que me oponga totalmente a comprar o poseer cosas. No es necesario que le des la espalda a la vida moderna y renuncies a todas tus posesiones. Solo espero que analices con detenimiento y consideres cómo la codicia, representada por la G de *Greed* en el concepto de GAS, puede afectar negativamente a tu paz y felicidad.

La mayoría de las personas que viven en este mundo moderno valoran las comodidades materiales. La gente se deleita con casas amuebladas lujosamente, el último y mejor modelo de coche y la tecnología más vanguardista. Esta atracción por lo material se parece mucho a la trampa del mono. En Asia se utiliza un método sencillo para atrapar a los monos: basta con hacer un pequeño agujero en una calabaza hueca o en un coco, poner una nuez dentro y atarla a un árbol. Cuando el mono descubra la nuez, meterá la mano por la pequeña hendidura para cogerla, pero cuando intente sacar el puño entero, su mano ya no cabrá por el agujero. El mono se negará a soltar la deliciosa nuez que hay dentro y tratará de forcejear para liberarse. Lo único que tiene que hacer el mono es soltar la nuez, pero se queda atrapado por su debilidad por las nueces. De igual forma, puede que no sepas distinguir los efectos secundarios adversos de tu gusto y apego por las cosas nuevas y cada vez mejores. Me gustaría que te preguntaras de qué manera tus sueños y deseos pueden atraparte como lo hace la trampa al mono.

Hay una historia antigua sobre la codicia y sus efectos secundarios adversos que me gustaría contarte. Érase una vez un campesino hambriento. Tenía hambre porque no tenía tierras que cultivar. Sabía que su rey poseía enormes tierras de labranza, así que un fatídico día se armó de valor y le pidió tierras para sembrar. Sin embargo, el rey era listo y vio que el hombre tenía un deseo desmedido de poseer tierras, más allá de lo que necesitaba para su propia subsistencia. Así que, tras meditarlo un poco, el sabio rey le ofreció al hambriento campesino cada pie de tierra que pudiera recorrer al cabo de un día, desde el punto en que el campesino se encontraba hacia el exterior. No obstante, había un inconveniente: tenía que volver sobre sus pasos y regresar al mismo punto al atardecer. El campesino hambriento dio las gracias encarecidamente al sabio rey y esperó impaciente a que saliera el sol.

El campesino volvió entusiasmado al lugar al amanecer y emprendió la marcha hacia el exterior. Caminó y caminó; recorrió kilómetros y kilómetros. De vez en cuando se detenía y se maravillaba al ver cuánta tierra pisaba. Miró hacia atrás, hacia el lugar del que había partido, y pensó: «Esta tierra de cultivo es más que suficiente. ¡Podría tener suficiente comida para mí, y la bastante como para vender y sacar beneficio!». Le gustaba la idea de obtener un beneficio a cambio. Por eso siguió caminando hacia delante, soñando con sus ganancias e ignorando la posición del sol. Intentó volver con rapidez, pero el sol estaba a punto de caer y el agotamiento se apoderaba de él. Era imposible que regresara a tiempo. El campesino se dejó caer derrotado y decepcionado. Se alejó lentamente de las tierras del astuto rey con la misma fortuna que el día anterior: ¡nada!

Este es un ejemplo de cómo el ansia de poseer, de cómo la codicia, puede cegarnos. Es normal tener ilusiones y deseos, pero recuerda siempre que es imposible tenerlo todo. Además, lo que realmente sueñas y deseas es una vida de paz interior y alegría, no solo una vida llena de todos los bienes materiales y servicios que puedas desear.

Dicen que la palabra que más utiliza la gente en su vida es «yo». «Yo» se escucha mucho. ¡«Yo» lo escucho con tanta frecuencia que «Yo» me asombro de la cantidad de veces que «Yo» escucho la palabra «Yo»! Es increíble la cantidad de veces que puedes llegar a encontrar esta palabra cuando la buscas. El apego no tiene que ver solo con las cosas; tiene que ver principalmente con tu autoenfoque y tu esfuerzo por hacerte feliz. Esto se ejemplifica mediante la teoría de las ciencias sociales denominada «tragedia de los comunes». Esta teoría afirma que cualquier persona con acceso a un recurso comúnmente compartido acaba actuando conforme a su propio interés y, al hacerlo, agota el recurso para los demás. Por ejemplo, el consumo excesivo de café ha llevado al agotamiento de ciertos cafetales. La sobreexplotación pesquera ha conducido a la disminución de algunos tipos de peces, como el atún, y el abuso de las aguas subterráneas ha provocado sequías. El deseo de consumir está autodeterminado, independientemente de las consecuencias negativas que tenga para el mundo en su conjunto.

El consumismo utiliza tu egocentrismo en su beneficio. Te vende productos y servicios con la promesa de que mejorarán tu vida. Sus estrategias no conocen límites, porque los deseos están arraigados en el apego a uno mismo y siempre están presentes, a menos que decidas ponerte manos a la obra y hacer lo necesario para vencerlos. Hasta entonces, estarás a la caza de la satisfacción. No solo por los artículos de escaparate, ¡sino también por lo que tienen los demás! Quieres lo que tiene la gente risueña que aparece en los anuncios para poder ser feliz como ellos. Sospechas que otras personas, ya sea a través de la publicidad o en la vida real, tienen algo mejor que tú. Comparas tus cosas con las de los demás y esto alimenta el sentimiento de avaricia, competitividad y celos. Las sociedades parecen estar configuradas así; incluso el sistema de calificaciones por letras es tal que una «A» significa que lo has hecho excelente y una «F» significa que has suspendido. Los padres enseñan a sus hijos a hacerlo bien en la escuela. Hacerlo bien para un niño significa que debe hacer un trabajo excelente, ser un alumno de sobresaliente y competir con sus compañeros por el primer puesto. Fomentar de este modo la competencia desde la infancia tiene sus ventajas y sus inconvenientes.

La competencia alimenta el progreso y las mejoras de la sociedad, pero, por otra parte, provoca muchos celos y división entre las personas. El consumismo capitaliza este deseo de vivir por encima de tus posibilidad o, como se suele decir, «estar a la altura del resto». El dependiente intentaba persuadirme para que me comprara unas gafas a la última moda, aunque yo prefería unas gafas sencillas. Me dijo: «Todo el mundo lleva estas monturas hoy en día, no esas tan pasadas de moda». No cedí a la presión a pesar de que aquel hombre parecía decidido a convertirme en un calco del resto de personas con problemas de vista. Es este tipo de presión el que te lleva a sentir que no vales lo suficiente y a tener celos.

Quiero animarte a que des un paso atrás y te preguntes qué pretendes realmente en tu vida. ¿Quieres cosas materiales por encima de la felicidad? Parece que la contestación rotunda a esa pregunta es un sí. En el océano Pacífico hay una enorme mancha de basura de plástico que se ha ido acumulando desde hace décadas y ha causado daños considerables al océano y a las criaturas que en él habitan. Es difícil saber quién es el responsable de este descomunal montón de basura, ya que está muy lejos de la costa de cualquier país. Aun así, es un claro ejemplo de cómo el deseo por lo material se le ha ido de las manos al mundo. Esta es una de las razones por las que suelo comprar cosas de segunda mano. Puedes escoger: estar contento con lo que tienes, o seguir ansiando cosas que están fuera de tu alcance. ¿Eliges el paraíso de la satisfacción o la felicidad fabricada en una isla de plástico?

Esta elección me trae a la memoria una parábola. Había una vez una madre con tres hijos, y un día le pidieron naranjas. No tenía naranjas pero sí limones, así que se los dio. El primer niño cogió uno de los limones y protestó: «¡Qué asco, un limón agrio! Yo quería una naranja dulce». El segundo niño se comió uno de los limones y se enfadó: «Esto no es una naranja». La tercera niña no sentía ningún apego por la idea de comer naranja, sino que se sentía agradecida por haber recibido un limón. Aceptando la realidad, exprimió alegremente el zumo, le añadió un poco de deliciosa miel y compartió un buen vaso de limonada con su familia. ¡Todos estaban contentos! Cuando la vida te da limones —como dice el refrán—, ¡haz limonada! De ti depende decidir a cuál de estos tres niños quieres parecerte. Puedes decidir armar jaleo cuando no consigues lo que quieres, soportar de mala gana el sabor agrio de la decepción, o contentarte con lo que tienes y hacer algo delicioso con ello para compartirlo con los demás.

A del término inglés *Anger,* que significa «ira»

La codicia que se esconde tras el frenesí de las compras del Black Friday tiene un historial de transformación en tumultos caóticos. El aumento del consumismo ha desembocado en casos de violencia extrema ese día. Se han registrado casos de golpes, peleas, apuñalamientos y tiroteos entre los compradores del Black Friday en distintos lugares del mundo. Esa ira puede parecer sensata en el momento, porque sientes que te servirá de protección o ayuda. Sin embargo, realmente es muy dañina e incluso interfiere con el pensamiento racional. En pocas palabras, este grado de ira te nubla la mente e inhibe tu capacidad de juicio.

La ira —representada por la A de *Anger* en el concepto de GAS— no es más que una reacción ante algo que consideramos injusto o amenazante. Pero ¿sabías que es un patrón de respuesta aprendida? La gente reacciona de distintas maneras ante situaciones injustas o terribles. Unos lloran, otros gritan y otros se desahogan con otras personas de su entorno. Todo depende de lo que hayas aprendido. Una vez conocí a un joven que me pidió ayuda con su estado condicionado de ira. Me contó que su ira se había desatado por primera vez cuando le gritó a un compañero de clase y, al hacerlo, enmudeció a toda la clase. Desde entonces, pensó que la ira podía ser una herramienta útil con la que ganar poder. Por eso recurría a ella con frecuencia cuando algo le parecía injusto o amenazante. Sin embargo, como consecuencia, su ira se volvió incontrolable e interfirió en sus relaciones personales más íntimas.

Le enseñé algunas prácticas que le ayudarían a desarrollar la compasión para aplacar su ira. Le dije que la compasión y el amor son un gran antídoto contra la ira. Puedes imaginar, por ejemplo, que el blanco sobre el que recae tu ira es una madre cariñosa, o cualquier otra figura amorosa, que te quiere incondicionalmente pero que solo es humana, por lo que comete errores. Si crees en la posibilidad de renacer, quién sabe, tal vez fuera tu madre en una vida pasada. Le enseñé esta práctica y, como parecía ser un joven ambicioso, le sugerí además que considerara a todo ser consciente como a una madre a la que se quiere bien. Tres meses después, volvió. Llegó tarde, por lo que tuvo que ir directamente a pasar la noche a la casa de invitados del monasterio. Hacía calor en la casa en la que se alojaba, así que abrió las ventanas para que entrara una brisa fresca. Por la mañana, fui a verle y le pregunté cómo había dormido. Me dijo: «¡Fatal! Hacía mucho calor y había un montón de bichitos zumbándome alrededor de las orejas toda la noche y mosquitos intentando picarme. No obstante, seguí tus pautas y no hice daño a ningún ser consciente. ¿Cómo iba a hacerles daño a todas esas mamás?». Esto demuestra que basta con un poco de orientación, algo de ambición y una pizca de gratitud hacia un ser amoroso para llegar muy lejos. Más aún si te fijas un objetivo y aplicas la vieja y firme determinación. Con un poco de esfuerzo se puede empezar a desaprender los comportamientos y hábitos negativos aprendidos. De hecho, con toda la agresividad que suscita este día, quizá las tiendas deberían ofrecer clases de control de ira el Black Friday en lugar de ofertas.

La ira es un tipo de emoción destructiva que nos perjudica directamente a nosotros mismos y a los que nos rodean. Las redes sociales, por ejemplo, pueden emplearse por regla general como un recurso útil, pero, por desgracia, esta locura «on line» ha desarrollado su lado negativo.

Volvamos a utilizar la teoría de la tragedia de los comunes para entender Internet como un recurso común y corruptible. Puesto que está al alcance de todos, la gente tiende a utilizarlo para sus propios intereses. Se airean los trapos sucios, por así decirlo, expresando sus pensamientos y opiniones negativas en detrimento de los demás. Escriben comentarios poco amables, arrogantes e incluso crueles para *trollear* o provocar a los demás como forma de entretenimiento.

Además, como las críticas y opiniones pueden ser anónimas, no tiene por qué exigirse responsabilidad alguna por los comentarios descabellados. Cualquiera puede emitir una opinión o un pensamiento airado instantáneamente para que todo el mundo lo lea, sea cierto o no. Muchos de estos comentarios permanecen legibles por tiempo indefinido. Si tenemos en cuenta el efecto dominó, puede que estas palabras negativas lleguen a afectar a más personas de las que te imaginas.

Sentirse perturbado es normal; no obstante, si has desarrollado un temperamento rápido y persistente ante la más mínima molestia, estás alejado de la realidad. Cuando las cosas no salen como quieres, tergiversas y distorsionas tu impresión de algo, o de alguien, para justificar tu ira. Distorsionar así tu percepción puede transformarse en un mal hábito. Por ejemplo, si alguien te hace una crítica constructiva, te ofendes de inmediato y lo consideras como un individuo hiriente y nada más. Esto supone un problema ya que no puedes aceptar la verdad. Por eso es importante cuestionar tu ira. Si analizas tu ira detenidamente, verás que hay en juego varios elementos que influyen en ella. Sin embargo, esos elementos están distorsionados por tu ira. Solo ves un factor que contribuye a provocar ese enfado: la persona, o cosa, que te ha puesto de los nervios. Tener a alguien o algo a quien culpar consigue que tu enfado parezca sólido y real.

Por ejemplo, imagina que alguien te pisa los talones mientras conduces. Te pita insistentemente con el claxon porque cree que vas demasiado despacio. Tú vas al límite de velocidad, así que te enfadas con esa persona. Pero lo que no tienes en cuenta es que tienes un poco de hambre, de modo que ya de por sí te sientes irritable. No necesitas llegar a tiempo a ningún sitio, pero ellos quizá lleguen tarde al trabajo. No pueden llegar tarde: si llegan tarde, podrían ser despedidos. Además, tienen una familia a la que mantener y están enfermos a causa de la gripe.

Siempre hay muchas razones por las que la gente se comporta como lo hace. Una vez, estaba dando un paseo y pasé por delante de un bar. Al pasar, un hombre borracho que estaba dentro me gritó muy fuerte para que me uniese a él. Como monje, no podía ir a un bar, así que le ignoré y seguí caminando. Al hacerlo, el hombre se puso furioso. Salió del bar y me persiguió, preguntándome irritado por qué no me unía a él. Al principio, lo esquivé, suponiendo que podía ver que yo era monje y sabía que los monjes no beben alcohol. Entonces recordé que había factores ocultos que podían haber desencadenado su ira. Puede que no supiera que los monjes no pueden entrar en un bar, puede que estuviera muy alcoholizado, puede que se sintiera rechazado. En lugar de tomarme su enfado como algo personal o huir, junté las palmas de las manos y le dije muy sincera y educadamente: «Lo siento». En cuanto lo hice, el hombre se tranquilizó inmediatamente.

No tienes por qué sucumbir al sentimiento de enfado. Cuando sientas ira, ya sea la ira de otro hacia ti o tu propia ira hacia los demás, sé inteligente. Ten en cuenta todas las variables posibles. Cuando examines las causas de ese comportamiento, podrás responder de una forma más sana y madura.

S del término inglés *stupidity,* que significa «estupidez»

Cuando no tienes en cuenta todos los factores involucrados, sufres una especie de ignorancia o, para que el acrónimo encaje, de estupidez: la S de GAS. La causa tanto de la codicia como de la ira es la ignorancia de cómo son realmente las cosas. Hay una gran variedad de cosas sobre las que puedes ser un ignorante, pero ser estúpido contigo mismo es una de las más problemáticas. Ser estúpido respecto a uno mismo no es un reflejo de tu nivel de educación; me refiero a ignorar la forma en que existes en este mundo. En el budismo existe un concepto llamado «no ser». Este concepto no significa que no existas o que no haya un «yo»; existes y seguirás existiendo. Significa que experimentarás tantos cambios que no seguirás siendo el mismo «tú». Por ejemplo, el «tú» de hace cinco años es muy diferente al de ahora. Otra cosa que debes tener en cuenta sobre ti mismo es que solo existes gracias a todo lo que te rodea y sustenta tu existencia. Dependes de todo lo que te rodea para vivir de forma idónea, y tomar conciencia al respecto debería avalar tu endeudamiento con este mundo. Desgraciadamente, la mayoría de la gente no tiene tal conciencia. La inmensa mayoría de los ocho mil millones de seres humanos que habitan nuestro planeta ignoran que dependen de todo y de todos en este inmenso universo. Como resultado, la gente vive únicamente por y para su propio beneficio. Los que no viven únicamente para sí mismos son las personas destacables que se te han quedado grabadas en la mente, como el Dalái Lama, la Madre Teresa o Martin Luther King Jr. De una forma u otra, son principalmente quienes ayudan a nuestro mundo y se dedican a alguna labor altruista, filantrópica o humanitaria. Esto demuestra que tu vida tiene sentido cuando piensas en beneficiar a lo que te rodea, no solo a ti mismo.

Aunque vivas entre muchas otras personas, ¿te ves pensando fundamentalmente en ti? Si te pidiera que me contaras tus problemas, ¿hablarías de ellos sin parar? A la mayoría de la gente le resulta bastante fácil contar sus propios problemas, pero hace caso omiso de las dificultades que atraviesa algún familiar o amigo. ¿Necesitarías unos minutos para poner algunos ejemplos de sus problemas? ¿Cómo puedes llegar a conocer, cuidar o estar cerca de alguien si no sabes por lo que está pasando? Si para ti es fácil hablar de tus propios problemas, pero te es difícil sacar a relucir los problemas a los que se enfrentan tus amigos o tu familia, puede que estés demasiado centrado en ti mismo. Estar tan centrado en uno mismo es como conducir sin ver, como aquel antiguo personaje de dibujos animados llamado Mr. Magoo. Estás conduciendo, crees que vas bien; pero no ves claramente, así que te sales de la carretera y pones en peligro al que te rodea.

La estupidez egocéntrica es otra forma de decir que te estorbas a ti mismo. Eres tu propio obstáculo para la felicidad, y no siempre eres plenamente consciente de ello. No pretendo decir que tu vida no valga nada o que no debas cuidarte. De hecho, es sumamente beneficioso que te plantees con entusiasmo: «¡Me gustaría ser feliz!». Nos estorbamos a nosotros mismos cuando nos centramos demasiado en nuestra propia felicidad o nos volvemos egoístas. El egoísmo es la mente que se considera a sí misma más importante que los demás. Una forma fácil de detectar esta mente es mirar una foto de grupo en la que aparezcas tú. ¿Quién es la primera persona a la que miras en la foto? La mayoría de nosotros nos miramos a nosotros mismos. Estamos muy centrados en nosotros mismos.

Sé que he tenido mis épocas de egocentrismo. Hace muchos años, cuando era pequeño, mi madre me propuso que saliéramos a dar un paseo y a tomar el aire. Lo comentamos durante un rato, pero yo solo la escuchaba de refilón, porque estaba distraído viendo la televisión. Mi madre se dio cuenta de que estaba ensimismado, así que me dijo: «Vale Rinpoche, tú ve la tele y yo saldré». Eso me angustió mucho. Pensé que mi madre me estaba dejando solo en casa para salir a pasear por su cuenta. Al principio, sentí rabia. Luego me di cuenta de que sentía tristeza al pensar que estaba enfadado con mi madre, quien solo deseaba compartir un rato conmigo. Ni siquiera la había tenido en cuenta. Luego me invadió la gratitud por ser capaz de ver cómo mi pensamiento egocéntrico me había provocado esa irritación. Mi epifanía me hizo salir corriendo por la puerta para poder acompañar a mi madre al paseo. Se puso tan contenta que eso me hizo feliz. El momento en que puedes reconocer claramente tu propia ignorancia y cambiar tu forma de actuar es precioso. Ante el primer signo de emociones que te aflijan, como la ira o la codicia, intenta ver si te estás interponiendo en tu propio camino hacia la felicidad. ¿Te has olvidado de tener en cuenta a los demás o estás sumido en un pensamiento egocéntrico?

Estar centrado en uno mismo puede ser fruto de viejos recuerdos o improntas. La razón por la que la gente ve las cosas de forma tan diferente es por sus propios recuerdos. Las improntas que los acontecimientos pasados dejan en la mente de una persona hacen que diferentes personas vean un mismo objeto de forma distinta. Pensemos, por ejemplo, en los pájaros. Una persona puede ver los pájaros como un gran símbolo de libertad. Otra persona puede adoptar una postura más neutral y considerar los pájaros como esas cosas que vuelan por el cielo. Otra persona puede haber visto la espeluznante película de Alfred Hitchcock *Los pájaros* y echarse a temblar al ver uno. Todo depende de tu memoria. Yo, por ejemplo, tengo un recuerdo terrible de los pájaros, por eso me aterran, pero ya hablaremos de eso más adelante. La cuestión es que percibimos las cosas de forma distinta en función de esas improntas; nos condicionan para que pensemos en algo —incluso en nosotros mismos— de cierta manera. Este es uno de los motivos por los que tienes dificultades para ver las cosas con claridad; eso contribuye a tu ignorancia sobre tu existencia real en el mundo. Además, crees que todo el mundo piensa como tú, por eso son tan importantes los puntos de vista diferentes. Los puntos de vista de otras personas te permiten ampliar tu percepción de las cosas y resolver problemas. Aferrarte a tu punto de vista probablemente exacerbe tu ignorancia, te aleje de la verdad y te provoque un fuerte ataque de GAS.

Todo esto me recuerda a un conocido cuento sobre unos ciegos y un elefante. Había una vez seis ciegos que fueron a ver un elefante. Cada uno de los ciegos tocó una parte distinta del elefante: uno tocó la trompa, otro la oreja, otro la cola, otro la pata, otro el costado y otro el colmillo de marfil. Luego se pusieron a debatir sobre el aspecto del elefante; cada uno creía conocer el aspecto al completo a partir de la parte con la que había entrado en contacto. «Yo sentí como un abanico», aseguró el hombre que había tocado la oreja. «Te equivocas; yo intuí que era una escoba», afirmó el que había tocado la cola. «No es cierto; yo percibí que era una serpiente», afirmó el que palpó el tronco. «Ninguno de vosotros lo ha entendido bien. Yo deduje que era una lanza», profesó el que tanteó el colmillo. «No, yo detecté que se trataba de una pared», declaró el que tocó el costado del elefante. «Eso tampoco es cierto; descubrí que el elefante es un tronco de árbol», afirmaba el que tocó la pata. ¡Un abanico! ¡Una escoba! ¡Una serpiente! ¡Una lanza! ¡Un muro! ¡Un tronco de árbol! Como todos tenían puntos de vista diferentes, discutieron entre ellos durante un buen rato. Tanta discusión despertó a un príncipe que estaba durmiendo la siesta. Para que se callaran, les dijo en voz alta que estaban todos equivocados. «¡Hay que juntar todas las partes para saber lo que es realmente un elefante!», gritó. La verdad es así. Tu punto de vista es una pieza importante del puzle, pero no es el puzle al completo. Para conocer la verdad en su totalidad, no debes limitarte a pensar únicamente en tu limitado punto de vista. En lugar de eso, piensa en las muchas piezas que conforman la imagen global.

Volvamos a reflexionar sobre la escasez de papel higiénico en 2020. Estoy seguro de que contabas con que la tienda tuviera papel higiénico, pero, si lo analizas en profundidad, dependías de algo más que de la tienda. Dependías de los empleados para reponer el papel higiénico. Del propietario de la tienda para comprar el papel higiénico. Del camionero para transportar el papel higiénico. Del fabricante para fabricar el papel higiénico y de los árboles de los que procedía el papel higiénico. Hay muchos factores y personas que intervienen en la obtención de bienes y servicios. Si se rompe un eslabón de esa cadena, volverás a mirar esas estanterías vacías, preguntándote: «¿Por qué a mí?». Lo que realmente tienes que empezar a preguntarte es: «¿Por qué a nosotros?». Porque no estás solo en este mundo, y a la mayoría de nosotros nos invade el GAS de vez en cuando.

Reflexión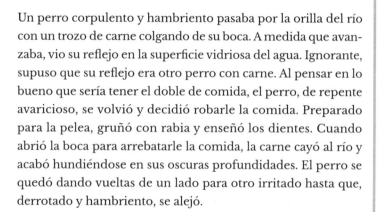

> Un perro corpulento y hambriento pasaba por la orilla del río con un trozo de carne colgando de su boca. A medida que avanzaba, vio su reflejo en la superficie vidriosa del agua. Ignorante, supuso que su reflejo era otro perro con carne. Al pensar en lo bueno que sería tener el doble de comida, el perro, de repente avaricioso, se volvió y decidió robarle la comida. Preparado para la pelea, gruñó con rabia y enseñó los dientes. Cuando abrió la boca para arrebatarle la comida, la carne cayó al río y acabó hundiéndose en sus oscuras profundidades. El perro se quedó dando vueltas de un lado para otro irritado hasta que, derrotado y hambriento, se alejó.

Hay un importante vínculo entre la autodestrucción y lo que ya conoces como GAS. Piensa en una experiencia reciente que te haya hecho sentir desgraciado. Es probable que creas que fue resultado de la codicia, la ira y la estupidez arraigadas en el apego que sientes hacia ti mismo. Para reducir el GAS, tienes que encontrar la manera de romper con el hábito de pensar siempre primero en ti mismo.

Para ello, tendrás que cultivar el hábito de pensar también en las necesidades de los demás, sobre todo en las de los más allegados. ¿Cómo puedes preocuparte más por los demás? En primer lugar, lo más aconsejable es que te apartes de tu camino. Como práctica, debes afinar tu capacidad para reconocer el apego a ti mismo en cuanto lo experimentes, y luego hacer el esfuerzo de pensar en los demás. Ponlo a prueba durante una cena.

Cuando el cocinero haya puesto toda la comida en la mesa, haz una pausa. Delibera y luego analiza tu hábito de autoapego. Procura no preocuparte de inmediato solo por lo que tú quieres. Resiste el impulso de coger la pieza de fruta más bonita, de ser el primero en servirse o de comer más. Y de vez en cuando, cuando te resulte difícil ver más allá de tus propios límites, puedes incluso reflexionar partiendo de la perspectiva del propio interés. Puedes pensar que cuanto más te intereses por el bienestar de los demás, más feliz *serás*. Si estás cerca de los demás y te preocupas por sus necesidades, ellos responderán del mismo modo, haciéndote feliz. Es así de sencillo.

A la primera señal de autocomplacencia GASEOSA, prueba a ponerle remedio con los siguientes antídotos:

Codicia. Quizá, como el perro avaricioso que ve su reflejo, no estás contento con lo que tienes y quieres lo que tienen los demás. Cuando ansíes cosas, recuerda que las posesiones materiales no son la fuente de la felicidad genuina; la fuente es un estado mental sano. Genera una disposición mental sana reflexionando sobre lo que tienes, en lugar de sobre lo que «te falta». Piensa en lo afortunado que eres. Tienes la suerte de tener cosas que otros no tienen, cosas como unos zapatos cómodos y agua limpia. Siente la gratitud. Luego, en la medida de lo posible, practica cómo fomentar el espíritu de la generosidad. No es necesario que ofrezcas bienes materiales, sobre todo si tienes pocos recursos. Ofrecer amabilidad y gratitud es un gran punto de partida.

La ira. La ira, o el odio, es lo contrario del amor. Es una emoción destructiva que te perjudica directamente a ti y a quienes están a tu alrededor, por eso debes desafiarla en el acto. Eso no quiere decir que no vayas a sentir ira. La irritabilidad se da, así que no tienes por qué sentirte culpable si te enfadas. La ira en sí no es destructiva; lo que haces con su energía es lo que realmente importa. Aprender a transformar la fuerza de la ira en sosiego sería de gran ayuda. El budismo tibetano ofrece una serie de métodos para hacerlo. Uno de ellos proviene de la tradición Dzogchen del budismo tibetano, una práctica útil que recibe el nombre de «mirada al cielo». Cuando miras al cielo, conectas con un espacio inmenso, abierto y expansivo. Esta extensión ilimitada es la naturaleza primaria de tu mente, su estado natural antes de todo el condicionamiento mental y la construcción del ego. Ver el inmenso cielo produce calma y alegría. Puedes recurrir a una versión más práctica de la «mirada al cielo» para desafiar la energía de tu ira. En primer lugar, es esencial que te concedas un momento para practicar. Si estás en compañía de otras personas, sobre todo si son el blanco de tu ira, hazles saber que necesitas un instante para pensar, y luego busca un espacio íntimo y privado para ello. Segundo, dirige tu mirada levantando ligeramente la barbilla y entornando los ojos hacia arriba todo lo que puedas. Tercero, imagina un cielo amplio y expansivo si no lo tienes ante ti. (Si no puedes apartarte de los demás, puedes hacer que parezca que miras hacia arriba como si estuvieras profundamente pensativo. Quizá eso no ofenda tanto a los que estén a tu alrededor). Mirar hacia arriba te ayuda a distraerte y a despejar la mente: aparta tu mente y tus ojos de aquello que te enfada. En cuarto lugar, centra tu atención en la respiración. Inspira profundamente y, al espirar, suelta lo que te causa estrés. Suéltalo en la inmensidad del cielo. En las fotografías antiguas de los yoguis tibetanos, observarás que a menudo practican la postura de la mirada hacia el cielo. La práctica de mirar hacia arriba, especialmente hacia el inmenso cielo, libera a tu mente de pensamientos. Ya sabemos que, si alguien dice algo que nos molesta, cuanto más pensamos en ello, más nos enfadamos. Este método es una forma de cortar con esos pensamientos improductivos. Si lo practicas con cierta frecuencia, todo empezará a ir mejor.

La estupidez. La ignorancia es el resultado de desconocer la verdad. Es vivir en la oscuridad sin la luz de la sabiduría. Cuando estás así de ciego, es difícil ver que necesitas una comprensión más clara de la realidad. Desafortunadamente, te apegas a tus ansias egoístas, que te mantienen en la penumbra, dormido. Para despertar de tu ensoñación egoísta de que las cosas sean de una determinada manera, recuérdate a menudo que eres susceptible de caer en la inconsciencia. Practica ser consciente sobre lo que ocurre más allá de ti. Concéntrate en el momento presente. Utiliza la respiración como anclaje. A medida que estés más atento al aquí y ahora, serás testigo de lo centrado que llegas a estar en ti mismo. Presta atención a tu comportamiento egocéntrico y trata de arrojar algo de luz sobre tu egoísmo. Vive de forma más inteligente y toma conciencia de lo perjudicial que puede ser tu egocentrismo.

3

La esperanza: el remedio para los tiempos difíciles

En 2021, la mariposa monarca occidental parecía estar a punto de extinguirse, pero su población registró un aumento significativo. Las cosas en la vida van y vienen; aun así, ¡el retorno de la mariposa monarca es una clara señal de esperanza! Por otra parte, las mariposas siempre han sido un poderoso símbolo de esperanza y transformación. La mariposa nos recuerda que, aunque haya etapas de la vida difíciles de superar y a veces también oscuras, si sigues adelante, brota algo único que luego se eleva. Sea como fuere, no existiría la majestuosa mariposa si no fuera por la humilde y sigilosa oruga. La esperanza empieza por aceptar el primer estadio como oruga. La primera tarea y el principal trabajo de una oruga es ondular y comer a fin de acumular energía para la transformación. Si lo haces, le concederás al consumismo un significado totalmente nuevo. Desde luego, no es eso lo que te pido. Lo que pretendo transmitirte es que el cambio empieza por aceptar la verdad; empieza por esa etapa inicial, humilde. Si no fuera por tu pasado y el sufrimiento que has experimentado, no habría nada que transformar. El hecho es que el sufrimiento forma parte de la realidad de la vida, así que para trascender tu miseria necesitas generar un poderoso sentimiento a favor de la esperanza. La confianza de la que hablo no es otra forma de desear. No es una mera ilusión. Es el conocimiento esperanzado que impulsa tu camino hacia la metamorfosis positiva.

La esperanza comienza con la verdad

Entonces, ¿cómo puedes forjar una esperanza auténtica y genuina? Empezando por la verdad; así debes hacerlo.

El primer paso es aceptar y reconocer que, aunque la vida es maravillosa, también tiene dificultades y dolor. Es primordial que comprendas verdaderamente que la vida es una mezcla de sufrimiento y alegría; los dos van de la mano, como las dos caras de una moneda. ¿Existe alguna moneda de una sola cara? Sería poco realista esperar una vida en la que todo fuera felicidad y no hubiera tristeza, básicamente, porque eso es imposible. Las cosas existen con relación a otras cosas. Por ejemplo, la oscuridad existe con relación a la luz; literal y metafóricamente. El arco iris está ahí gracias a la lluvia. Los opuestos existen en todas partes. Hay gente que supone que siempre estoy riendo y sonriendo sencillamente porque nunca sufro. Observan mi actitud jovial y piensan: «Qué persona tan alegre. Ojalá pudiera ser tan feliz como él, pero, a diferencia de su vida, mi vida es demasiado complicada como para ser tan feliz». Lo cierto es que yo también me enfrento a muchas adversidades. Sin embargo, me guío por la verdad y la esperanza de la transformación; confío en el cambio y eso me motiva a buscar soluciones sensatas a los problemas de mi vida. Todos tenemos problemas y dificultades, pero tú, como yo, tienes el poder y la fuerza de la esperanza dentro de ti.

Yo mismo he sido testigo de esta enorme esperanza entre los niños pequeños. Mi monasterio de Nepal acoge a muchos huérfanos. Alrededor del cuarenta por ciento de nuestros alumnos no tienen dónde vivir y el cien por cien de ellos viven en la pobreza. Algunas de esas historias son realmente tristes. No hace mucho, por ejemplo, acompañaron a mi despacho a un niño muy pequeño y decaído. Este valiente chiquillo se acercó a mi mesa y me entregó un papel que sujetaba con fuerza en el puño. Miré al niño, cuyo rostro reflejaba una mirada sumida en el desánimo, y luego bajé la vista hacia el papel arrugado que me entregaba.

Lo que me entregó era el certificado de defunción de su madre. Tras investigar un poco, descubrí que el padre del niño ya había fallecido y que no tenía más familiares ni amigos que pudieran ocuparse de él. Era, en el sentido más estricto de la palabra, huérfano. Acogí a este niño y, aunque tardó algún tiempo en adaptarse, el miedo y la tristeza del niño fueron transformándose poco a poco en un sentimiento de seguridad y, más importante si cabe, de esperanza. A veces, hasta el más valiente de nosotros puede sentirse solo, pero déjame asegurarte que no estás solo. Todos estamos juntos en esto.

La esperanza unifica a las comunidades porque propicia la confianza. Mi monasterio da acogida a muchos huérfanos con historias similares, y nunca deja de sorprenderme que estos niños, sin apenas recursos, desarrollen una fe inmensa en que sus vidas mejorarán. Les damos un lugar donde alojarse, comida, ropa y una educación que ayudan a cubrir sus necesidades básicas. Sin embargo, es su esperanza lo que ha fomentado la confianza entre ellos y, a su vez, ha generado una cooperación que les beneficia y empodera. Los niños que quedaron huérfanos se sienten ahora como si fueran una gran familia. Estos niños pequeños no tuvieron más remedio que aceptar su etapa de oruga. Al trabajar con la verdad de su vida, paralelamente fueron generando esperanza. De hecho, la esperanza empieza por aceptar primero la verdad de que todo el mundo se enfrenta a dificultades que pueden ser inquietantes. No obstante, una vez que veas las dificultades como un contratiempo corriente y que se puede superar, tu desesperación dará paso a la fuerza de motivación de la esperanza. Entonces, podrás generar respuestas sanas para tus problemas. No son pocas las personas que se sienten desesperanzadas. Les cuesta aceptar sus problemas, hasta tal punto que seguir viviendo se vuelve una carga para ellos. Para colmo, suponen que su problema en particular es único y que será para siempre. Como no tienen esperanza, creen que la única salida es la muerte. Si has llegado a ese punto, no dudes en buscar atención médica.

Dediquemos un momento a sopesar lo peligrosa que puede ser para la vida la falta de esperanza. Según la Organización Mundial de la Salud, cada cuarenta segundos se suicida una persona. Es decir, quince personas cada diez minutos, o noventa personas cada hora. Está claro que la desesperanza es un problema de gran magnitud a escala mundial. Esta tragedia humana es aún más frecuente cuando corren tiempos difíciles. Me esfuerzo por conocer a fondo esta realidad porque gran parte de mi trabajo consiste en asesorar a personas con problemas y sin esperanza. Una vez me pidieron que ayudara a un joven de unos veintiún años. Era un muchacho brillante, iba a la universidad y tenía una buena vida con un futuro prometedor. Le iba extraordinariamente bien en los estudios, pero tenía dificultades, así que esperaba poder ayudarle a sentirse mejor. Por desgracia, antes de que pudiera ayudarle, se quitó la vida. Aquel episodio me hizo darme cuenta de lo extendido que está el suicidio y de lo intenso que es el dolor para los familiares y amigos que dejan tras de sí. Ojalá hubiera podido ayudar a aquel joven lleno de vida; su muerte entristeció profundamente a sus amigos y familiares. A mí también me apenó.

En el capítulo anterior he descrito la muerte como un paso a otro tipo de vida. Sin embargo, una vez falleces, pierdes una oportunidad de oro para resolver tus problemas en esta vida. Yo creo que se pueden vivir infinitas vidas, así que ¿por qué no resolver los problemas ahora, en esta vida? No quieras perder la oportunidad de mejorar tu existencia; en esta preciada vida tienes la ocasión y la capacidad excepcionales de hacerlo. Comprométete a despertar a este don incalculable, a generar esperanza. Valora los milagros de la naturaleza que te ofrece esta vida: la belleza de una flor, el brillo de una puesta de sol, el dulzor de una manzana y la ternura del amor y la compasión. Que tu cuerpo respire por sí mismo, incluso mientras duermes, es una de las muchas bendiciones milagrosas de la vida. Deja que estos milagros te sirvan de motivación; ¡ten esperanza! Tienes el poder de hacer que los cambios vayan en la dirección correcta. Para ello es necesario que desvíes el foco de atención y dejes de preocuparte principalmente por ti mismo y empieces a hacerlo por el mundo que te rodea. Al cambiar tu enfoque de esta manera, tu mente deja de rumiar sobre ti y tus propios problemas. En ese momento, no hay un «tú» al que herir, dañar o anular. Borrar de tu paisaje mental la idea errónea de un yo independiente genera un espacio amplio y abierto para que entre la verdad de tu interdependencia. Igual que los huérfanos, te beneficia enormemente cambiar tu enfoque pasando de la autocompasión al empoderamiento de otro, de centrarte en tus problemas a considerar la posibilidad de dar esperanza a toda la comunidad. Conocer tu identidad genera confianza. La confianza genera esperanza. Me viene a la memoria una historia que ilustra bien cómo conseguirlo…

La semilla de la felicidad es la esperanza

Érase una vez un hombre rico y desdichado que pasaba la mayor parte del tiempo solo. Su riqueza no le hacía feliz. Se preguntaba cuál era la fuente de la felicidad. Había oído decir que, para ser verdaderamente feliz, debía aprender a ser bueno con los demás, pero no sabía por dónde empezar porque su mente estaba absorta en deseos egoístas. Ansioso por encontrar una salida a su miseria, decidió organizar un concurso. Ofrecía cien piezas de oro a la persona que pudiera ayudarle a responder a las tres preguntas decisivas y necesarias para alcanzar el altruismo: ¿Con quién debía ser bueno? ¿Cuándo debía hacerlo? ¿Qué debía hacer para ser bueno con la otra persona? Pasó mucho tiempo sin encontrar ninguna respuesta que pudiera satisfacerle, lo que hizo que su desesperación aumentara aún más. Al ver su desesperación, una lugareña se compadeció de él y le animó a seguir buscando respuestas sin perder la esperanza. Le sugirió que preguntara a la sabia anciana que había calle abajo pues, seguramente, una sabia podría ayudarle a alcanzar la alegría. Así que la buscó, con la esperanza de que sus respuestas pudieran sacarle de su angustia.

Cuando hubo encontrado a la sabia, le pidió ayuda. Ella le sonrió y, alegremente, le dijo que tendría la respuesta a sus preguntas al cabo de una semana, y después le rogó que siguiera siendo optimista. Tras sus palabras, un aldeano desprevenido resultó herido por una flecha extraviada mientras cruzaba frente a ellos dos. Al ver el dolor de aquel hombre herido, la mujer insistió en que el hombre rico atendiera, limpiara y vendara la herida del hombre, y luego lo cuidara hasta que recuperara la salud. Seguro de que al hacerlo conseguiría las respuestas que buscaba, hizo lo que ella le pedía. A pesar de su propio malestar, lo curó y lo consoló. Puso mucho cuidado en curar al hombre herido y, con el tiempo, surgió entre ellos una amistad.

Una vez que las heridas del hombre sanaron, le agradeció profundamente su gesto, le dijo a su nuevo amigo que no desistiera en su búsqueda y se marchó del pueblo. Los aldeanos se maravillaron al ver el espíritu desinteresado del hombre rico. «¡Sigue buscando la felicidad!», exclamaron.

Por razones que el hombre rico no alcanzaba a descifrar, se sentía mucho más feliz, más liviano y contento, pero continuó su súplica pidiendo respuestas a sus tres preguntas. «Anciana sabia, me dijiste que recibiría respuestas a mis preguntas al cabo de una semana. Llevo dos semanas esperando pacientemente las respuestas. Estoy desesperado tratando de encontrar la manera de salir de la oscuridad. Me gustaría ser feliz. ¿Podrías darme las respuestas?».

Ella miró al hombre de forma amable pero inquisitiva, y le dijo: «Querido mío, el mundo ya ha respondido a tus preguntas. Para ayudarte a que comprendas la respuesta a tu primera pregunta, ¿con quién debes ser bueno? La respuesta es que tienes que ser bueno con cualquier persona que tengas delante. A tu segunda pregunta, ¿cuándo debes ser bueno con ellos? La respuesta es que debes ser bueno con ellos en este preciso momento. A tu tercera pregunta, ¿qué debes hacer para ser bueno con los demás? La respuesta es que debes hacer todo cuanto esté en tu mano». El hombre recapacitó y de pronto se dio cuenta de que los deseos egoístas no pueden hacer feliz a nadie. Ser altruista y hacer todo lo que esté en tu mano para ayudar a los que encuentres es lo que da la verdadera felicidad. Después, tras reflexionar más detenidamente, descubrió que, de hecho, la semilla de esa alegría yacía en la esperanza. Si no fuera por su esperanza de ser feliz y por la esperanza que los lugareños le dieron a su paso, quizá no hubiera buscado respuesta alguna a su sufrimiento. La esperanza enciende tu búsqueda y te ayuda a perseverar. El hombre rió alegremente. Agradecido y sumamente satisfecho con las respuestas, dio a la mujer el triple del oro que le había prometido, y se cuenta que mantuvo la esperanza, fue servicial y feliz el resto de sus días. El GAS hizo que se sintiera desgraciado, como suelen hacer las emociones aflictivas, pero su esperanza le dio fuerzas para buscar la felicidad que produce ser bueno con los demás. Hay un proverbio chino muy conocido que dice: «Si quieres ser feliz durante una hora, échate la siesta. Si quieres ser feliz durante un día, vete a pescar. Si quieres ser feliz durante un mes, cásate. Si quieres ser feliz durante un año, hereda una fortuna. Si quieres felicidad para toda la vida, ayuda a otra persona». Si analizas de cerca este proverbio, verás que primero considera todos los placeres mundanos y egoístas antes de mostrar que la felicidad verdadera y perdurable solo se puede hallar ayudando a los demás. Ayudar a los demás te ayuda a ti mismo, en cambio, la ayuda comienza por la esperanza. La esperanza de un mundo mejor.

La esperanza y el miedo

La esperanza empieza en el plano mental. Antes de que puedas ayudar a los demás, debe existir ese deseo en tu mente. La esperanza debe ser una aspiración que tengas dentro de ti por alcanzar una vida mejor tanto para ti como para los demás. El miedo, por desgracia, puede obstaculizar la esperanza. De entre todas las emociones destructivas, el miedo es una de las peores porque es capaz de anular la esperanza. Tanto la esperanza como el miedo se experimentan como una anticipación de algo. Aunque ambos sean motivadores, es el miedo el que hace que uno se inquiete, entre en pánico y retroceda frente a un resultado. La esperanza alienta a la persona a acercarse y apuntar hacia un resultado especialmente positivo. Hay temores que son racionales, como la sensación de alerta que sientes cuando la rueda de tu coche se pincha mientras conduces. Ese tipo de miedo te mantiene a salvo, pero la mayoría de los miedos no te ayudan porque son aprendidos y se basan en la respuesta de lucha o huida.

La primera aprensión que aprendí, por extraña que parezca, fue la posibilidad de encontrarme con un búho. Siempre quería quedarme despierto hasta tarde cuando era un niño lleno de energía. Como no me acostaba cuando se suponía que debía hacerlo, mi madre desarrolló una táctica para conseguir que me acostara. Decía que, si no me dormía, un búho se abalanzaría sobre mí y me llevaría. Esa idea me aterrorizaba. Temía que me atrapara un búho hambriento, y ese terror me motivaba para refugiarme en la seguridad de mi cama. A raíz de este y otros encuentros espantosos con pájaros, desarrollé una aprensión intensa cada vez que me encontraba con ellos. Sentía mucho miedo estando cerca de ellos y deseaba desesperadamente que ese pavor desapareciera. Cuando crecí, fui aprendiendo formas de hacerme responsable de mi miedo. Entrené a mi mente a base de visualizarme a mí mismo haciéndome amigo de mi enemigo con plumas. Cada vez que me encontraba con un pájaro, lo primero que tenía que hacer era sembrar la esperanza a nivel mental. Me imaginaba acariciándolo y cuidándolo para que ya no quisiera hacerme picadillo. Cuanto más practicaba, menos temía a los pájaros. No obstante, al poco tiempo, otra aprensión la sustituyó. Como dice el refrán, lo único a lo que hay que temer es al temor mismo. Y es que lo peor de tener miedo, aparte de frustrar tus esperanzas, es que se convierte en un mal hábito.

Es como la historia del hombre al que le aterrorizaban los fantasmas. Él y su familia vivían junto a un cementerio tenebroso y espeluznante que hacía volar su imaginación. Cada vez que oía el menor ruido o crujido en la casa, tenía la certeza de que se trataba de un fantasma. Desesperado por librarse de esos espíritus tan escandalosos, buscó un remedio. Encontró una tienda en la ciudad que estaba especializada en actividades paranormales. El dependiente le sugirió que comprara un medallón muy caro pero muy eficaz, que atrapaba a los fantasmas en su interior. Le garantizó que mantendría encerradas a las apariciones perturbadoras mientras nadie abriera el medallón y las liberara. El hombre compró el medallón y se dirigió a casa, ansioso por librar por fin su casa de los espíritus que le molestaban.

El medallón funcionó a las mil maravillas durante un tiempo. Sin embargo, un día llegó a casa y se dio cuenta de que su hijo pequeño, tan curioso, estaba jugando con él. Evidentemente, el hombre, aterrorizado, se llevó el medallón y advirtió a su hijo que no debía abrirlo nunca. Pasaron varias semanas y el hombre se encontró con el vendedor que le había vendido el medallón. El vendedor le preguntó si el medallón le ayudaba con su miedo a los fantasmas. El hombre respondió ansioso: «El medallón que me dio fue muy útil para librarme del miedo a los fantasmas. Sin embargo, ¡ahora temo que mi hijo abra sin querer el medallón y libere a esos espíritus que han quedado encapsulados!». El miedo puede ser un mal hábito. Una vez que se va un miedo, otro puede sustituirlo rápidamente.

Por suerte para ti, la esperanza puede disipar el miedo porque la esperanza construye el valor y la fuerza para hacer frente a la verdad con optimismo. Una vez estaba en un vuelo a Nueva Delhi. Había unos quince pasajeros más a bordo. De repente, sentimos unas fuertes turbulencias acompañadas de relámpagos intensos. Los relámpagos pasaron tan cerca del avión que una de las azafatas empezó a gritar con fuerza. La gente entró en pánico al encontrarse ante uno de sus mayores miedos:

el miedo a la muerte. Al principio, yo también tuve miedo, pensando que el avión se estrellaría y caería envuelto en una llamarada de luz, pero entonces cambié mi enfoque y utilicé la práctica de entrenamiento mental para disipar mis miedos y despertar la esperanza. Al principio me recordé a mí mismo que nada dura para siempre; la muerte es inevitable y natural. Tenía la esperanza de que mis años viviendo honradamente y sirviendo a los demás acabarían dando sus frutos. Me invadió un sentimiento de gratitud al pensar en cómo me había preparado mentalmente para la muerte. Pensar así me tranquilizó y me dio esperanza. Al cabo de diez minutos, aterrizamos sanos y salvos en el aeropuerto de Nueva Delhi, pero yo todavía me sentía nervioso. De ahí la importancia de prepararse para la muerte. La vida es incierta, pero la muerte es segura, así que debes prepararte para afrontar ese momento desde la esperanza, no desde el miedo.

Agradezco haber tenido esa vivencia cercana a la muerte. Ahora sé cómo se sienten otras personas cuando pasan por algo parecido. Cuando veo un avión sobrevolando las alturas, siempre deseo que los pasajeros tengan un vuelo seguro y tranquilo hasta su destino. El uso de una práctica de entrenamiento mental, en este caso la práctica de la impermanencia, puede ayudarte a albergar esperanzas en un resultado positivo. La esperanza te da valor. Gran parte de la valentía consiste en aceptar cómo son realmente las cosas y luego actuar según esa verdad en tu mente. El valor puede ayudarte a superar momentos en los que el miedo se apodera de ti. Has de construir una creencia sólida sobre ti mismo y sobre tu capacidad para superar con valentía tus problemas.

Cree en ti mismo

Esta *creencia en uno mismo* está íntimamente relacionada con la esperanza y la felicidad. Las dos son igual de importantes, por lo que debes comprender claramente su relación mutua. Para ser feliz, debes confiar en ti mismo. Confiar en tu capacidad para cuidar de ti mismo y resolver problemas es la base sobre la que se asientan la esperanza y, en consecuencia, la felicidad. Entonces, ¿cómo se construye una autoconfianza firme? Para empezar, debes saber lo que no es la autoconfianza. Creer en uno mismo no es ser egocéntrico o egoísta. No es arrogancia. La autoconfianza es tener fe en tus capacidades humanas.

Desde una perspectiva científica, gracias a que tu cerebro humano está sumamente desarrollado, tienes la inteligencia necesaria para comprender y superar los problemas fundamentales. Pero ¿qué papel juega tu mente en la capacidad de resolver problemas que tiene tu cerebro? A menudo, los términos «cerebro» y «mente» se emplean indistintamente, aunque difieren considerablemente. El cerebro es un órgano relacionado con el sistema nervioso y tiene una estructura; puedes examinarlo y realizar estudios basándote en sus capacidades. El cerebro es como el *hardware* de un ordenador. La mente, sin embargo, no tiene una forma material como la del cerebro; no tiene forma, peso ni tamaño discernibles. En su lugar, se parece más a la energía, y es como el *software* del ordenador. Tu cerebro y tu mente trabajan en equipo para ayudarte a resolver problemas. Ambos contribuyen a tu capacidad para afrontar los retos de forma eficaz. La investigación sobre el cerebro y la mente es un campo en pleno auge que se desarrolla en entidades como el *Center for Mind and Brain* (centro para la mente y el cerebro) de la Universidad de California, Davis. Los investigadores están estudiando la relación entre la mente y su influencia en el cerebro y viceversa, en áreas tales como el desarrollo y el envejecimiento, así como los procesos cognitivos, sociales y emocionales. Si bien la ciencia lleva mucho tiempo explicando los procesos del cerebro y otros muchos fenómenos físicos, ahora se está desarrollando un corpus de investigación sobre la relación entre el cerebro y la mente. Creo que tanto uno como otra desempeñan un papel clave en tu facultad de afrontar las dificultades y, por ende, de forjar tu autoestima. Cuanto más se profundice en este campo en las esferas científica y médica, mayor será nuestro potencial para aprovechar el enorme poder de la mente.

Como maestro budista, familiarizarme con el funcionamiento de la mente de un ser sensible es un aspecto importante a la hora de prestar ayuda a la gente. Creo en el poder de la mente. Toda forma de actividad mental procede de tu mente. Tu mente está en continuo cambio a medida que trabaja con afán en tu experiencia vital. Las prácticas budistas se concentran en esta dimensión mental de tu ser. Prácticas como la de sosegar la mente, familiarizarte con ella y transformarla son comunes y favorecen tu capacidad para resolver problemas. La actividad de la mente es la responsable del despliegue de emociones positivas como el cariño, la compasión, la gratitud y el amor. También es responsable de las emociones negativas. Los budistas hacen un estudio objetivo y subjetivo de su propia actividad mental. Puesto que tu mente es la que determina cómo experimentas la vida, mi tradición se centra especialmente en el entrenamiento de la propia energía mental. Por eso los ejercicios «contemplativos» al final de cada capítulo son tan potentes. La energía de la mente es increíblemente poderosa y desempeña un papel primordial en la configuración de tu mundo.

¿Crees en el poder que tiene tu mente? ¿Tienes fe en tu capacidad para sobreponerte a cualquier problema que encuentres? Es fácil perder de vista esa capacidad de tu mente para transformar tu vida a mejor. Por eso insisto en que te involucres en las prácticas dedicadas al entrenamiento mental. Entre una práctica y otra de entrenamiento mental, es importante que te recuerdes a menudo que tu vida es lo que tú haces de ella. Pregúntate a ti mismo: ¿Harás limonada de los limones? ¿O esperarás a las naranjas? Quizá esperes a que otra persona te haga limonada. En ese caso, es posible que tengas que esperar mucho tiempo. Lo mejor es que asumas la responsabilidad de tu vida y resuelvas tus propias dificultades. Tú eres tu propio héroe. Eres el único que está en condiciones de cambiar tu vida porque tanto el problema como la solución están dentro de ti. Cree en ti mismo. Cuando eras un bebé pequeñito, no tenías más remedio que confiar en tu madre o en la persona que te cuidaba. Ahora que has crecido, debes transferirte a ti mismo ese nivel de confianza. Es imprescindible que tengas fe en ti mismo. ¡No confíes menos del cien por cien en ti mismo! Recuerda siempre que una esperanza sólida está cimentada en la creencia de que puedes manejar la verdad y cualquier dificultad que pueda surgir con ella. Una esperanza así, basada en la verdad, es inquebrantable.

La falsa esperanza, en cambio, no se basa en la verdad. Suele generarse mintiendo, sobre todo a uno mismo. Es un sentimiento de confianza en algo que deseas que sea verdad, pero que no lo es. Cuando era profesor en la Universidad Monástica de Sera Jey, impartía clases para estudiantes laicos en universidades, centros públicos, templos y centros médicos. Algunos acudían a mis clases porque les despertaba curiosidad el budismo. La mayoría de las personas que venían buscaban algún consejo sobre cómo mejorar su vida. Recuerdo haberme reunido con un médico mientras impartía una clase en el Hospital Memorial Linkou Chang Gung de Taiwán. Tenía dudas sobre si las falsas esperanzas podían ser útiles para sus pacientes; me preguntó si estaba mal decir a la gente que estaban mejor, aunque no lo estuvieran, para así conseguir que continuaran con sus tratamientos médicos. Le aconsejé que fuera sincero para no dar falsas esperanzas a sus pacientes. Aunque sus intenciones eran ayudarles a animarse, la verdad los animaría de otra manera, dándoles la oportunidad de seguir una forma de proceder distinta. ¿Cómo iban a esperar mejorar si no conocían la verdad de su situación? Si el paciente conociera la verdad, podría buscar otros métodos de curación que posiblemente fueran mejores. O quizá simplemente podría empezar a tachar cosas de su lista de deseos. Es su elección. La falsa esperanza puede conducirte a seguir un plan de acción ineficaz. La verdadera esperanza se basa en la verdad. Para hacer limonada con limones, debes contar con los «limones», es decir, con el poder de la realidad.

Cuando reconoces lo real, tienes la posibilidad real de construir la *autocreencia* que se necesita para la verdadera esperanza. Una vez leí un libro estupendo sobre un detective de policía extraordinario y muy conocido que se especializaba en la lucha antiterrorista. Este detective era asombrosamente hábil en su trabajo. Consiguió, por ejemplo, detener a todos los implicados en un atentado dentro de las cuarenta y ocho horas posteriores al incidente. Escribió un libro sobre sus proezas y sus logros. En la última parte del libro, escribió algo muy simple pero lleno de significado que, en esencia, venía a decir que, si realmente tienes la verdad de tu parte, al final saldrás victorioso. ¡Es muy importante que sepas esto! Si no conociese los acontecimientos reales del caso, ¿cómo iba a poder resolverlo? Muchos caemos en la trampa de las invenciones y las falsas esperanzas que generan. Sabiendo esto, deberíamos valorar y respetar el poder de la verdad. Si lo hiciéramos, tendríamos la fuerza de lo certero. Debes partir de la base de que aceptas la realidad para poder tomar decisiones inteligentes. Elegir inteligentemente hará que te sientas más seguro de ti mismo. Debes hacerlo incluso aunque al principio te resulte incómodo.

En el monasterio, nos aseguramos de decir la verdad inclusive a los huérfanos. Acogemos a muchos niños que han sido abandonados en nuestro monasterio. Pero también aceptamos a niños que cuentan con el respaldo de familiares. Ocasionalmente, los niños con familiares reciben algún regalito para ellos por correo. Normalmente, no reciben regalos ostentosos puesto que las familias de todos nuestros alumnos viven en condiciones de pobreza; suelen regalarles algo sencillo, como un reloj de pulsera. Eso puede hacer que aquellos niños que no tienen familia se sientan excluidos. El profesorado y el personal de la escuela no saben muy bien qué hacer. Aun así, su decisión consiste precisamente en contarles a los huérfanos la verdad: que no recibirán ese regalito por correo. Con ello no se pretende herir sus sentimientos, sino alentarles a aceptar cómo es su vida en realidad. Una vez que conozcan su realidad, podrán aceptarla. Eso es lo que tú debes hacer también. Debes aceptar la fase de «oruga» y trabajar con esa verdad. No sirve de nada esconderse de la realidad o mentirse a uno mismo. Si puedes asumir la realidad de tu situación, hay esperanza de seguir adelante.

La verdad te permite actuar con acierto. La mayoría de la gente, por ejemplo, tiene miedo de las cobras que se encuentran en los alrededores del monasterio, sobre todo porque no comprenden la naturaleza de las cobras ni cómo se comportan. La verdad es que una cobra no te atacará a menos que se sienta amenazada; si mantienes una distancia prudencial, no te morderá. La verdad, y el conocimiento que este conlleva, es mucho más útil para ti que el fingimiento.

Es cierto que la vida entraña problemas y sufrimiento. No puedes librarte de eso. Lo bueno es que el mundo en el que vivimos se caracteriza por su flexibilidad y dinamismo, de modo que, sean cuales sean los problemas que tengas en tu vida, son susceptibles de cambio. Hay esperanza porque la transformación está asegurada.

Recordemos a la mariposa, el poderoso símbolo de nuestra capacidad para transformarnos en positivo. Igual que el proceso evolutivo del insecto, de oruga a crisálida, las diferentes fases de nuestra vida pueden pasar también por momentos difíciles, pero nada es eterno. Al desarrollar una creencia férrea en tu capacidad para transformar tu vida, generas esperanza, y con esa esperanza podemos metamorfosear nuestra vida para mejorarla. Aun así, no olvides que el cambio parte de la verdad: la verdad de que todo está cambiando.

Helen Keller, que era ciega y sorda, honró la transformación de la mariposa como símbolo de esperanza cuando dejó por escrito: «Uno no debe nunca consentir arrastrarse cuando siente el impulso de volar». Pese a los retos que suponía su discapacidad, Helen Keller aceptó la realidad de su situación, la verdad de la etapa de oruga. Creía en su capacidad para vencer los problemas y así aprendió a comunicarse de la forma que mejor se adaptaba a sus circunstancias. Gracias a la fe que se profesaba a sí misma, cosechó un éxito excepcional como autora y defensora reconocida. Su ejemplo recuerda al mundo que, por grande que sea el desafío al que te enfrentes, aceptando la realidad, fortaleciendo tu autoestima y generando esperanza, puedes hacer trabajar a tu mente y transformar cualquier problema para mejor.

Hay quien cree que el tiempo todo lo cura, pero es el cambio que se produce con el paso del tiempo lo que verdaderamente cura aquello que te duele. Cada vez que te enfrentes a un problema, reflexiona sobre su naturaleza transitoria. No olvides que un problema no es algo sólido e inmutable, sino que puede vencerse precisamente por eso, porque es transitorio; porque no es eterno.

Reflexión

Un ciervo sediento con una gran cornamenta se dispuso a beber en un estanque. El ciervo entrevió su reflejo en la superficie del agua. Al principio, se maravilló de la majestuosa cornamenta de su cabeza, pero luego desvió rápidamente su atención hacia sus patas, irremediablemente escuálidas. No le gustaban nada sus patas, débiles y enclenques. En ese momento, una flecha salió despedida de un matorral cercano. En un abrir y cerrar de ojos, saltó hacia el bosque. Al darse cuenta de que había sobrevivido gracias a sus patas flacas, bajó la mirada para contemplarlas. Al hacerlo, su cornamenta se enganchó, atrapándolo en la rama de un árbol robusto. Otra flecha voló de entre la maleza, matando al pobre animal.

No esperes, como el ciervo, a que sea demasiado tarde para creer que eres más capaz de lo que crees ser.

Para no sucumbir a la desesperanza, debes saber que cada uno de nosotros tiene un gran potencial en su interior. A este potencial se le llama «naturaleza búdica». Buda lo explicó como la capacidad innata que poseen todos los seres sintientes para superar cualquier sufrimiento. Este potencial está presente en todos los seres, independientemente de su sistema de creencias. Sentirte seguro de tu potencial equivale a reconocer el poder intrínseco que hay en ti. Comprender tu verdadera esencia fomenta el alivio propio y es un motivo de esperanza.

Hay quien dice que la esperanza no es útil porque no es más que otra forma de deseo, al que hay que renunciar, pero la verdadera esperanza no es un pensamiento ilusorio y mágico. Es comprender la pura y dura verdad de que te vas a enfrentar a problemas y de que eres capaz de resolverlos. Podría ayudarte el recordarte siempre que tu vida es lo que tú haces de ella. No necesitas confiar en nadie más que en ti mismo para que tu vida cambie. Tú eres el único que puede mejorar tu existencia porque, en definitiva, tanto el problema como la solución son fruto de tu mente.

En su primer sermón, Buda enseñó las cuatro verdades nobles. La primera verdad nos habla de que el sufrimiento existe; la segunda, de que hay una causa para el sufrimiento; la tercera, de que el sufrimiento no es eterno, sino que tiene un final; la cuarta, de que la forma de poner fin a ese sufrimiento es creando una causa para acabar con él. Puedes generar esas causas que te ayudarán si sigues el noble camino óctuple. El camino hace hincapié en tres aspectos principales: la sabiduría, el comportamiento íntegro y la concentración mental. Fomenta el «ser» correcto y dice así:

Conoce la verdad, libera tu mente de pensamientos impuros, niégate a decir palabras hirientes, obra por el bien de otros, gánate la vida respetuosamente, procura vivir éticamente, practica la concentración mediante la atención, y practica el dominio de tus pensamientos.

Teniendo en cuenta todo el sermón, podría decirse que «encontrar la fuente del sufrimiento» es el primer y más eficaz mantra que nos legó Buda. Estas cuatro verdades nobles son el marco de referencia que debemos aplicarnos a nuestra propia experiencia. Utiliza las cuatro verdades nobles como un método para encontrar soluciones cuando te encuentres con un problema. En primer lugar, identifica el problema considerando la naturaleza de la dificultad. En segundo, dedícale tiempo a reflexionar sobre la causa del problema. Es esencial que identifiques y tengas clara la verdadera causa de fondo de tu situación para así poder encontrar la solución idónea. ¿Intentas hacer las cosas a tu manera? ¿Es el GAS la causa de tu problema?

En tercer lugar, recuérdate a ti mismo que albergas la naturaleza de Buda y que puedes resolver este problema. En cuarto lugar, no tienes control sobre los demás, pero puedes asumir toda la responsabilidad de tus problemas poniendo en práctica los tres aspectos del noble camino óctuple: sabiduría, comportamiento íntegro y concentración. Piensa en esto:

Sabiduría. ¿Tienes los conocimientos necesarios para resolver el problema? ¿Tu intención es pura? ¿Hablas con honestidad sobre el asunto en cuestión, o estás perpetuando mitos?

Comportamiento íntegro. ¿Estás haciendo lo necesario para resolver el problema de forma activa? ¿Estás evitando un estilo de vida que sea contraproducente para la solución? ¿Estás esforzándote al máximo para resolver el problema?

Concentración. ¿Estás presente para reconocer el problema y abordarlo cuando surja? ¿Estás centrando tu atención en la solución?

4

Liberarse del autoengaño

Cada vez que abres una bolsa de patatas fritas y echas un vistazo en su interior, es posible que te percates de que la bolsa no está del todo llena. Esto tiene una explicación y es, sencillamente, porque el aire sobrante impide que las patatas se rompan en el momento de transportarlas. Sin embargo, para los más voraces esto puede suponer una decepción, así que verán la bolsa medio vacía. Los que intentan perder peso pueden pensar: «No me parecen tantas patatas fritas; ¡me alegro de que la bolsa esté medio llena!». Algunos pueden incluso creer que la empresa de snacks va a por ellos, cobrándoles el precio completo por la mitad de una bolsa, así que puede que estén resentidos. Se trata de la situación del vaso medio vacío o medio lleno, y es que tu forma de experimentar la vida es una cuestión de perspectiva. Tu vida es el espejo que refleja el estado de tu mundo interior.

Sacarle brillo al espejo

Para poder ver con claridad, primero debes sacarle brillo a tu espejo para eliminar lo que distorsiona la verdad: el autoengaño que te ensombrece. Probablemente pienses que limpiar el espejo es un trabajo que, literalmente, te ves haciendo. Lo digo de broma, pero el personaje mitológico griego de Narciso no pensaba que su reflejo fuera ninguna broma. No era capaz de despegar los ojos de su hermosa forma reflejada en el agua; para él era una trampa. Nada podía sacarlo de su ensimismamiento, como le ocurre a mucha gente. A Narciso le costaría trabajo quedarse en mi monasterio porque en nuestras dependencias monásticas no hay ni un solo espejo. A veces resulta llamativo para los visitantes. Me acuerdo de una ocasión en concreto en la que un alumno nuevo vino a alojarse en el monasterio y se quedó completamente sorprendido de que no hubiera espejos. No me sorprendió en absoluto que me dijera con entusiasmo: «¡No me lo puedo creer! No me he mirado en un espejo en dos días seguidos, ¡nunca había pasado tanto tiempo sin mirarme en un espejo! No era consciente de lo mucho que me fijo en mi reflejo». Estaba atónito. Ya no miraba el reflejo en el espejo del cuarto de baño, sino que se miraba a sí mismo de otra manera: interiormente. La superación personal empieza por deshacerse del autoengaño y aprender a enfrentarse a la verdad. Tienes que ser testigo de manera honesta, y después evaluar, cómo tus acciones mentales, emocionales y conductuales oscurecen la verdad. Cuando seas capaz de reflexionar sobre ti mismo de esta forma y de ver dónde tienes más dificultad, entonces podré ofrecerte mi ayuda.

Parte de mi trabajo como consejero espiritual consiste en prestar ayuda de forma gratuita a las personas que se enfrentan a cualquier tipo de aflicción. Imparto clases, talleres y grupos de estudio gratuitos en universidades, organizaciones religiosas, centros públicos, instituciones médicas y también *on line*. En circunstancias más graves, también estoy disponible para atender llamadas telefónicas y visitas personales. Como participo activamente ayudando a personas de todo el mundo, trato con gente de todas las profesiones y condiciones sociales. Me encuentro con personas que sienten curiosidad por el budismo; me topo con otras que buscan un estilo de vida saludable; me relaciono con quienes sufren graves dolencias físicas y mentales. En la mayoría de los casos, buscan ayuda profesional. Tienen suerte de que desde los cinco años haya recibido formación para ayudar a los demás, sobre todo a los que sufren. Mi tradición se centra en el desarrollo de líderes espirituales que dedican su vida a ofrecer antídotos y remedios eficaces y gratuitos para un amplio abanico de aflicciones. Aun así, para que pueda ayudarte a mejorar, es importante que identifiques con precisión cuáles son tus debilidades personales.

Cuando dirigía un seminario de superación personal en el Hospital Memorial Linkou Chang Hung de Taiwán, casi todos los participantes, entre sesenta y setenta, eran personas corrientes que buscaban mejorarse a sí mismas. Les pedí que pensaran en cinco defectos personales que tuvieran. Fue todo un reto para ellos. Algunos de los participantes presentaron tres defectos como mínimo, el resto, no tantos; entonces, un señor dijo: «Creo que debería preguntarle a mi mujer». Es mucho más fácil para ti resaltar las áreas en las que otras personas pueden mejorar que ver tus propios defectos. Así suele ser. Te cuesta ver tus propios defectos, así que te cuentas mentiras, te mantienes en el engaño y, de este modo, no llegas a reflexionar claramente sobre las áreas que necesitas mejorar. La autorreflexión empieza por sacarle brillo a tu espejo hasta dejarlo libre de toda mancha de mentiras. Por desgracia, muchos de nosotros no queremos ver la verdad de nuestros defectos, y preferimos permanecer en la negación. No obstante, como dice el refrán, «la negación no es solo un río en Egipto».

Empieza por ser sincero

Cuando niegas la verdad, no existe la menor esperanza de que cambies de perspectiva. Por eso es imprescindible alejarse totalmente de la mentira. Abandonar por completo la mentira es bastante complicado. Incluso las mentiras triviales —como las típicas que dices a la gente para animarla o hacerla sentir mejor— deben desaparecer. Aunque parezcan inofensivas, estas mentiras no contribuyen a nuestros esfuerzos por liberarnos del autoengaño. Cuando te encuentres en una situación en la que no haya forma de que digas la verdad, es mejor que te quedes callado.

No obstante, puedes reconducir la conversación hábilmente. Por ejemplo, puedes fijarte en qué cualidades tiene realmente la persona con la que hablas y decirle algo motivador en base a eso. Siempre habrá cosas buenas sobre las que poder incidir. Incluso aunque no puedas prescindir por completo de las mentiras, intenta, al menos, reducir la frecuencia con la que las dices. Sé estricto en este sentido. El auténtico pilar sobre el que se asienta cualquier práctica es acercarse a la verdad. No puedes hacerlo si propicias el distanciamiento de la realidad.

Además, mentir perjudica sobre todo al mentiroso. Durante mis cursos, es frecuente que la gente me pida que diga esto o aquello, por lo que me siento presionado a decir cosas que no son ciertas. Y aunque considero que estas situaciones pueden ser muy difíciles, me ciño a la verdad. Así que, esfuérzate por no mentir y hundirte aún más en el autoengaño. Eres tú quien experimentará los efectos nocivos de la mentira.

Puede que ni siquiera tengas la intención explícita de mentir, pero en cierto modo la mentira resbala por tu boca de forma automática. Una vez me monté en un *rickshaw*, un vehículo triciclo motorizado típico de la zona, que suele costar escasamente treinta rupias. Cuando volvíamos al monasterio, el conductor me pidió cinco rupias más de la tarifa habitual. En un acto reflejo, salté del *rickshaw* y le respondí que no tenía cinco rupias más. Cuando entré en el monasterio, me di cuenta de que había tenido un lapsus momentáneo de honestidad. Inmediatamente lo consulté con uno de mis alumnos más jóvenes. Le pregunté: «Acabo de decir una mentira sin querer, ¿qué debo hacer?». Aunque era muy joven, me contestó: «Si mientes a alguien, debes disculparte inmediatamente y tratar de arreglar las cosas». Lo que me dijo me resultó muy útil, así que rectifiqué enseguida para poder enmendar mi error. Sin embargo, ya era demasiado tarde; había perdido la oportunidad de hacerlo porque el conductor ya se había marchado. Me invadió el arrepentimiento. Es muy sencillo caer en este tipo de pequeñas mentiras que parecen inofensivas; por eso hay que prestar especial atención al hecho de mentir.

Siempre me resulta desagradable ser objeto de una mentira «piadosa». Había una señora muy amable a la que hacía tres años que no veía. Me dijo que me veía más joven que nunca. Soy consciente de cómo el paso del tiempo ha hecho mella en mí, así que estaba claro que se trataba de una mentira piadosa. Cuestioné su credibilidad. Si me tragaba su mentira, me estaría engañando a mí mismo. Por eso debes ser cauto. Para cambiar tu perspectiva a mejor, empieza siendo sincero. Aléjate de las mentiras que acentúan los engaños y distorsionan la realidad.

Romper con los hábitos

Hay que ser plenamente consciente de que nadie es perfecto, y tú no eres una excepción. Todos tenemos defectos, y eso es lo que nos convierte en seres diferentes entre sí e interesantes. Algunos de los «defectos» que desconoces no suponen ningún problema. Otros pueden acarrearte dificultades, sobre todo los derivados de tus conductas más habituales. Los hábitos insidiosos y arraigados pueden surgir de tus propias decisiones y experiencias pasadas. Tu pasado moldea la percepción de tu presente. Supongamos que creciste en un entorno en el que había muchas plantas verdes, por lo que te acostumbraste a sentirte cómodo rodeado de ese color. Ves a alguien por primera vez y no le prestas mucha atención; en lugar de eso, te centras en la camiseta verde que lleva puesta. Por eso te da buena espina. Sin embargo, un poco más tarde, alguien te dice que está en libertad condicional por asesinato. Como consecuencia, la percepción que tienes de esa persona cambia enseguida. Es algo que nos ocurre a todos. Tienes ciertas tendencias preconcebidas que pueden cegarte ante los defectos, en especial ante los tuyos propios. Vienen dadas por distintos factores, por diversas causas y condiciones, sobre todo porque tu vida está íntimamente ligada a todos y a todo lo que te rodea.

Recuerda a todas las personas y factores responsables de conseguir papel higiénico en el supermercado. No hay una sola cosa que exista con independencia de otras. Asimismo, son muchos los factores que intervienen en el proceso de construcción de tu autoengaño. Recuerda tener en cuenta el concepto de interdependencia y las causas y condiciones que intervienen. En el capítulo seis explico este concepto con más detenimiento; por el momento, no está de más que sepas que estos factores influyen en por qué la mayoría de las veces ves tus virtudes, pero no tus defectos.

Este tipo de sesgo está profundamente arraigado. No eres quien crees ser: a lo largo de los años has forjado un montón de hábitos subconscientes que probablemente desconoces. Por eso necesitas la opinión de las personas en las que confías y prestar mucha atención a tus pensamientos, sentimientos y comportamiento. Si no puedes reconocer tus defectos, no existirá superación personal alguna. No cabe duda de que se presentarán todo tipo de problemas en tu vida personal y profesional mientras no desarrolles el autoconocimiento. Aun así, no confundas el hecho de conocerte a ti mismo con centrarte solo en ti. El autoconocimiento empieza por prestar atención a la relación que mantienes con el mundo que te rodea. Lo bueno es que, cuando reflexionas sobre los comentarios que recibes del exterior con una buena dosis de honestidad, te das cuenta de tus defectos. Ten siempre la mente abierta y sé sincero contigo mismo. Puedes limpiar tu espejo, ver la realidad y salir de tu autoengaño.

Desarrollar la sabiduría, encontrar la paciencia

De algún modo, podría decir que soy un caso de éxito en lo que al autoconocimiento se refiere. Cuando era pequeño, solía tener mal genio. Sin embargo, cuando me convertí en un adolescente con las hormonas revolucionadas, me volví muy temperamental. No era capaz de controlar mi ira. Hubo un momento en que, en un arrebato de ira, le di un golpe al interruptor de la luz y lo hice añicos; fue vergonzoso, pero también esclarecedor. Aquella señal, clara y evidente, resultó ser clave para darme cuenta de que tenía que aprender a controlar mi temperamento.

Fue mi madre quien me hizo comprender la magnitud de mi irritabilidad. Una vez vino a casa a tomar el té, y bastaron mis modos, impregnados de brusquedad y desconsideración, para que se sintiera rechazada. Entonces comprendí la gravedad de mi comportamiento y cómo podía afectar a los demás ese mal humor. Tenía que hacer algo para ponerle remedio. Tenía que ser sincero conmigo mismo. Tenía que limpiar mi espejo.

En la tradición budista tibetana se hace especial hincapié en el desarrollo de la sabiduría, que en mi caso comenzó cuando tenía cinco años. Desarrollar la sabiduría no es tarea fácil; debes asegurarte de comprenderla como es debido. Durante mi formación como monje, el debate forma parte de este proceso en el que se desarrolla la sabiduría. Los debates monásticos budistas te ayudan a disipar cualquier idea errónea, te ayudan a elaborar una visión correcta y luego refuerzan esa visión por medio de la práctica. Debatir es parte del camino hacia el bienestar espiritual. Es una forma de acercarse a la liberación del sufrimiento. Para tener éxito, se espera que verbalices tu comprensión y luego puedas defenderla bajo la presión de un contrainterrogatorio. Te puedes hacer una idea del nivel de preparación que necesitas para ello.

Desde los cinco hasta los dieciocho años asistí al Instituto de Dialéctica Budista y luego a la Universidad Monástica de Sera Jey. Me esforcé mucho para sacar adelante mis estudios y, como fruto de aquel esfuerzo, tuve buenos resultados. Uno de los libros que más me conmovió y que me pareció vital a la hora de imponerme en los debates fue *El camino del Bodhisattva*, del gran monje, filósofo y poeta Shantideva. Sus palabras no solo me ayudaron a refutar mis argumentos, sino que, además, el capítulo sobre la paciencia me ayudó a lidiar personalmente con mi ira.

Recuerdo que me impactó mucho el mensaje constante de ese capítulo según el cual «nadie es capaz de vivir felizmente con ira». A mí esto me reafirma en la idea de que una persona enfadada ni es feliz ahora ni lo será en el futuro. Desde el punto de vista filosófico, es una idea sencilla de comprender, pero es difícil ponerla en práctica en el día a día porque la ira no se elige. La ira simplemente se desencadena a partir de muchos factores, causas y condiciones. Tu trabajo no solo consiste en reconocer cuándo estás enfadado, sino en gestionarlo y transformarlo, primero en calma y, después, en sabiduría y compasión.

Al cabo de un rato reflexionando, comprendí que ese párrafo del capítulo sobre la paciencia llevaba mi nombre y que las sabias palabras de Shantideva me estaban impulsando a cambiar mi temperamento. Presta atención a lo que te rodea. Será como el espejo que te devuelva el reflejo de tu propia información personal. Es el mundo exterior el que te da consejos sobre cómo ser mejor. Gracias a ese pasaje de Shantideva, pude reconocer mi problema con la ira y me sirvió de gran ayuda para reflexionar conmigo mismo. Medité acerca de mis pensamientos, sentimientos y comportamientos iracundos y, gracias a eso, me propuse ser consciente en lo sucesivo de mi ira. Por suerte para todos, la ira surge como una emoción que reclama tu atención, así que es fácil identificarla. Una de las formas de conseguirlo es mediante la atención plena y consciente de tu cuerpo. La ira desencadena tu respuesta de lucha o huida inundando tu cuerpo de hormonas asociadas al estrés. Ante ese estrés, tus músculos se tensan, aumenta tu ritmo cardíaco y dejas de respirar profundamente. Es fundamental que entrenes antes al cuerpo, luego vendrá la mente.

Cuando noto que la irritabilidad empieza a aflorar, reconduzco el pensamiento hacia mi respiración, que frena cualquier señal de reactividad. Entonces, desinflo el globo de la ira desviando inmediatamente mi atención —a la fuerza, si es necesario— a una respiración consciente a través del diafragma. Respiro profundamente, contando cada inhalación y exhalación como una respiración: inhalo por la nariz y exhalo por la boca. Cuento pausadamente hasta diez respiraciones completas, y luego repito el ciclo hasta que empiezo a sentirme más calmado físicamente. Llevar la respiración del pecho hasta el abdomen te ayuda a controlar el sistema nervioso, favorece la relajación del cuerpo y la concentración de la mente, y aporta múltiples beneficios para la salud. Con el tiempo, desarrollé el hábito de respirar profundamente en situaciones de estrés. Seguí reconduciendo mi cuerpo y mi mente de esta forma hasta que mi familia se percató de que había mejorado mi capacidad de mantener la paciencia. Según mi padre, pasé de ser una persona impulsiva a ser alguien tranquilo y sereno. En un año, había retado a mi capacidad de reacción y había sustituido mi tendencia a la ira habitual por algo que me calmaba. A día de hoy, soy mucho menos reactivo y bastante más sosegado. Tú también puedes cambiar a mejor. Puedes educar a tu mente creando el hábito de redirigirla de distintas maneras, pero antes debes ser capaz de identificar tus problemas. Espero haberte ayudado a limpiar el espejo en el que te miras. Me gustaría que vieras la verdad y reconocieras los aspectos en los que tienes dificultades a nivel mental, emocional y de conducta, así tú también podrás avanzar hacia la superación personal.

Mantén una mente abierta

Igual que a mí, seguro que te gustaría ser feliz. Pero para ser feliz, primero debes ser honesto y reconocer lo que hay que cambiar en tu interior. El mundo que te rodea te devuelve el reflejo de tu información personal, lo cual puede ser de ayuda en este sentido. Incluso puede darte pistas sobre dónde tienes dificultades y qué soluciones puedes encontrar a tus problemas. Tu ego tiende a enmascarar aquellos puntos en los que tienes más dificultad, así que ten en cuenta las opiniones de los demás sobre ti. No es fácil identificar tus propios puntos débiles, por eso necesitas a alguien que sea bueno y honesto para hablarte de ellos.

Cuando te hagan un comentario desagradable, trata de resistir el impulso de defenderte mintiendo o enfadándote. No ensucies tu espejo con negaciones. Tómate el tiempo necesario para reflexionar sobre si el juicio que otra persona ha hecho sobre ti y tu comportamiento es cierto o no. Si tienes una mente abierta, podrás aprovecharlo para transformar una debilidad en una fortaleza. La superación personal es uno de los aspectos más importantes de tu vida, solo que para hacerlo bien necesitas un espejo limpio, una retroalimentación sincera. Me acuerdo de una ocasión en la que alguien hizo un comentario sobre lo moreno que estaba. Yo no me había dado cuenta, así que en el baño me miré directamente en el espejo. A mi parecer, no estaba tan bronceado. Puede que la diferencia en nuestra percepción fuera el tipo de luz, nuestra percepción o lo limpio que estuviera el espejo. No olvides que, siempre que recibas opiniones, hay que tener en cuenta este tipo de factores. Todo ello es muy valioso como información y puedes averiguarlo por ti mismo. Si la opinión de alguien no se sustenta en el razonamiento, ignórala; pero si lo hace, utilízala en tu beneficio. Trata de que tu transformación sea siempre a mejor.

No caigas en la trampa de la comparación

La felicidad se basa en tu estado de ánimo. Para ilustrarlo, déjame compartir una historia que quizá te ayude a comprender cómo tu mundo interior influye en tu mundo exterior. Como soy un apasionado de la lectura, cada vez que descubro una historia con alguna lección especial, me aseguro de grabármela en la memoria. Creo que la gente suele aprender de las historias, sobre todo si son divertidas. En esta historia, había una persona alegre y dichosa que había muerto y pasado a la otra vida a un lugar donde reinaba la paz más absoluta y el deleite más puro. Aprovechaban al máximo las enormes ventajas que suponía vivir en una utopía así, prodigiosa y sublime. Un día, por casualidad, se tropezaron con algo que les conmocionó profundamente: vieron a uno de sus mejores amigos languideciendo en la cárcel del pueblo. Preguntaron al guardián qué había hecho su amigo para acabar encarcelado en la cárcel del paraíso. El guardián respondió: «Tuvimos que encarcelarlo. Vuestro amigo, el insatisfecho, ensuciaba nuestra buena reputación perturbando el paraíso con su aburrimiento, su descontento y su falta de interés por la dicha. Pedía incesante e insistentemente volver a la Tierra para coger su teléfono móvil, conectarse a Internet y navegar por la red». Si en tu interior no hay felicidad ni satisfacción, no disfrutarás ni en el paraíso.

Recuerda que ni la alegría ni la paz del ser humano se fundamentan en nada externo. Aun así, la gente tiende a engañarse al pensar que la felicidad puede encontrarse fuera de sí mismos. Construyen una fachada física impresionante para que se les admire, pero se desentienden de la verdad de sus defectos. Las redes sociales son el ejemplo perfecto de este tipo de autoengaño. Las redes sociales solo proyectan lo que tú quieres que proyecten, que suele ser una versión idealizada y limitada de ti mismo. Podrías hacer uso de las redes sociales para observar esa tendencia al engaño propio y ajeno, pero la mayor parte de la gente no recurre a ellas con ese fin. En su lugar, se sienten abocados a competir con la imagen que otros también están proyectando de sí mismos.

En un mundo como este, en el que impera una gran competitividad, la tecnología y los materiales han experimentado una evolución vertiginosa. Aunque es evidente que tiene sus cosas buenas, los inconvenientes, aparte de los medioambientales, suelen ser de índole social. Nuestros progresos terrenales han propiciado un fuerte sentimiento de rivalidad y envidia. Todo el mundo parece aspirar a ser el primero. Así, a modo de ejemplo, recuerdo haber asistido a una reunión del consejo de administración de un brillante director general al que conozco muy bien. Durante la reunión resaltó que su empresa iba bien, con unos beneficios bastante decentes. Después puso el foco en el hecho de que a otras empresas les iba mucho mejor que a la suya. Estaba celoso de la competencia porque veía una amenaza en su éxito. Pensaba que no le quedaba más remedio que competir.

Este grado de competencia puede llegar a ser tremendamente agotador y provoca una presión innecesaria. Me recuerda a una antigua parábola sobre un perro codicioso, llamado Pooch, que soñaba con llegar a una ciudad sagrada y famosa que se encontraba muy muy lejos entre las montañas. Un día el osado Pooch emprendió su viaje; un largo y duro viaje esperando que le llevaría como mínimo un mes. ¡El cachorro, exhausto, llegó a la ciudad en solo dos semanas! Los pocos perros que atestiguaron esta hazaña estaban absolutamente asombrados. Rápidamente se corrió la voz de la increíble aventura de Pooch, y en cuestión de minutos, perros de todas partes se reunieron en torno a aquel chucho de patas ágiles para averiguar el misterio de su triunfal hazaña.

«¿Cómo lo has hecho?», preguntaban perplejos. Pooch, todavía jadeante y cansado como un perro, respondió exhausto: «Empecé pensando que tardaría un mes, con tiempo suficiente para parar a descansar. Pero cuando me detuve para descansar por primera vez, una enorme manada de perros empezó a correr conmigo. Así ocurrió cada vez que intenté hacer una parada. Descansaba muy poco porque cada vez que intentaba tomarme un pequeño respiro, ¡tenía que correr más rápido que los otros perros! El resto de perros lo miraban con lástima. Pooch soltó un último suspiro y se desplomó del propio cansancio. El pobre Pooch había muerto por competir sin tregua. Compararse y esforzarse por ganar son formas de pensar muy comunes, pero has de tener en cuenta lo perjudiciales que pueden ser para tu vida.

La comparación es parte de nuestra naturaleza humana: nos evaluamos en relación con los que nos rodean, algo que probablemente guarde conexión con la supervivencia del ser humano en este mundo. Las comparaciones nos ayudan a valorar dónde encajamos. Según la teoría de la comparación social, desarrollada por el psicólogo Leon Festinger en 1954, todas las personas se comparan con los demás. En particular, con tres grupos de personas: un grupo que consideramos mejor que nosotros, otro que consideramos igual a nosotros y un tercero que consideramos inferior a nosotros. Compararte con alguien a quien consideras de un nivel secundario puede hacerte sentir mejor contigo mismo. Compararte con un igual es solo una forma de ver cómo te sitúas respecto a tus iguales, lo que tiene más bien un efecto neutro. Compararte con quienes crees superiores puede alimentar los celos y la envidia y causar estragos en tu autoestima. A pesar de que este último tipo tiene su origen en la supervivencia, lo cierto es que también puede originar una gran división social. Para contrarrestarlo, debes plantearte el modo en que esa humanidad que compartimos puede servir también como factor de unión.

Los seres humanos tenemos en común muchas cosas. Piensa en lo vulnerables que somos. Si reconoces tu propia vulnerabilidad, puedes empatizar con los menos afortunados y sentir compasión hacia ellos. Cuando puedes relacionarte fácilmente con los demás, no necesitas recurrir a las comparaciones entre unos y otros. Si admites tus propias imperfecciones, entonces también comprendes que nadie es perfecto y que todos somos susceptibles de encontrar piedras en el camino. Podrás entonces sentir compasión hasta por quienes crees que están por encima de ti. Para romper con el hábito del autoengaño y limpiar tu espejo, es necesario que veas que compartimos la misma condición humana. Un ejemplo de ello es que, cada año, la gente que vive en Nepal, mi país natal, soporta olas de calor cada vez más extremas, ¡aunque esto sea así en todo el mundo! Cuando pienses que eres el único que no consigue lo que quiere, recuerda que a todo el mundo le ocurre lo mismo. No caigas en la trampa de la comparación; recuérdate, más bien, que todos tenemos desafíos a lo largo de la vida, sin importar en cuál de estos tres estratos nos encontremos. En cuanto reconozcas la solidaridad que te une a los demás, entonces, y solo entonces, tus comparaciones tendrán sentido.

Causa y efecto

El autoconocimiento consiste, en parte, en ver cómo actuamos los seres humanos en relación con los demás y con nuestro entorno. Estás vinculado al mundo que te rodea, y esta relación se fundamenta en la causalidad. Es decir, es una relación de causa y efecto. Hay quienes se valen de la causalidad para explicar sus desgracias; tal vez crean que tienen una vida horrible en este momento porque en su pasado cometieron algún error que la ocasionó. Achacan sus problemas al mal karma. Sin embargo, rumiar y culparte por cualquier estupidez que pudieras haber hecho en el pasado es algo inútil; no ayuda en nada. Todos cometemos errores.

Si te paras a pensarlo, todo el mundo tiene malas experiencias a lo largo de su vida. Cada una de estas desgracias tiene una causa racional. Como es natural, querrías que tus problemas se resolvieran y de paso, encontrar su causa. Pero ese fuerte deseo resolutivo suele ser la razón por la que nos aferramos a la idea de que existen seres místicos que dirigen nuestras vidas en un segundo plano. Ingeniamos formas sobrenaturales para hacer desaparecer nuestros problemas, en lugar de responsabilizarnos personalmente de ellos. Hay quien cree en los minerales para curarse de enfermedades. Lo siento por los amantes de las piedras; aunque sean preciosas y tengan un aire mágico, lo cierto es que la ciencia no respalda su poder curativo. El efecto piezoeléctrico ha demostrado que al golpear cristales se puede originar corriente eléctrica y, por tanto, emplearse en dispositivos como relojes y ordenadores, pero, salvo eso, los cristales apenas tienen efecto alguno en ti o sobre tu vida, al menos no de forma directa. Lo que sí te afecta es comprender que hay causas específicas que explican tus problemas y también diferentes soluciones para ellas. Hacerlo implica que te conozcas a ti mismo en profundidad, por eso debes tomar consciencia acerca de este aspecto de tu vida.

Comprender a fondo cómo funcionan la causa y el efecto en tu propia vida te dota de soluciones reales a tus problemas. Hace unos ocho años, por ejemplo, sufrí un dolor abdominal agudo. Como sabía que la única forma de identificar la causa real de mi dolencia era visitando a un especialista, busqué la ayuda de un médico. El médico me hizo preguntas y me exploró a fondo hasta identificar exactamente la causa que había provocado los problemas en la pared abdominal. El médico me dijo que era necesario que me tomara un descanso de la docencia durante dos meses, que descansara y que siguiera con la medicación durante nueve meses. Simplemente con reconocer mi problema y asumir esa realidad, empecé a sentirme mejor. Estaba actuando de forma proactiva y, gracias a eso, a la semana me encontraba lo suficientemente bien como para retomar las clases. A veces reflexiono sobre aquella experiencia y me pregunto qué pude haber hecho para provocarme esa dolencia, quizá comer o beber algo que no debía. Pese a barajar distintas causas, no me dejo arrastrar por la culpa. La culpa ensucia el espejo de tu autorreflexión. De ahí la importancia de no centrarse en culpar. Céntrate mejor en aceptar la realidad del problema y haz lo que puedas hacer siendo realista. Busca las causas de forma racional para luego poder encontrar soluciones reales de forma proactiva.

Al igual que los médicos exploran los síntomas para diagnosticar y tratar una dolencia concreta, tú también tienes el poder de tratar tu sufrimiento. Se puede poner remedio a todo tipo de sufrimiento. Lo primero que hay que comprender de manera clara es que no hay sufrimiento que no tenga causa. Sabiendo de antemano que lo sano trae consigo consecuencias positivas y lo que no lo es, resultados negativos, ¡puedes escoger lo mejor para ti! Eso significa que tienes cierto dominio sobre tu propio destino. Este punto tan concreto permite remediar cualquier sentimiento de impotencia. Lo que haces tiene consecuencias reales, por eso es esencial que a partir de ahora las hagas valer.

Hace tiempo tuve un alumno que pensaba que tal vez tenía una relación poco saludable con la comida como consecuencia del estrés que sufría en su vida. Cuando atravesaban situaciones difíciles, comía por estrés. Según un estudio de la Asociación Estadounidense de Psicología, cerca de una cuarta parte de los estadounidenses evalúan su nivel de estrés con una nota de ocho sobre diez. El estrés segrega hormonas que propician la ingesta excesiva de alimentos. Y lo que es peor, las personas con estrés suelen consumir alimentos precocinados con alto contenido en azúcares y grasas, lo cual les hace aún más propensos a comer compulsivamente. En periodos de estrés, son muchos los que ven la bolsa de patatas fritas medio vacía y terminan comiéndose un par de ellas. Comer por estrés no es algo exclusivo de los estadounidenses. En otros países hay problemas similares. En Australia, por ejemplo, el consumo emocional es el principal responsable de la epidemia del sobrepeso. El 83% de los australianos que padecen sobrepeso u obesidad achacan su aumento de peso a la conducta de comer por consuelo. Los atracones emocionales regulares provocan aumento de peso, trastornos mentales y físicos, depresión y ansiedad. Por suerte, según la primera ley de la termodinámica, la energía no puede crearse ni destruirse; solo puede transformarse o transferirse de una forma a otra. ¡Esto sí que es una buena noticia! La energía potencial almacenada en tu cuerpo se puede convertir en energía cinética, de modo que cuanto más activo seas, ¡perderás esos kilos de más que habías ganado comiendo patatas fritas! Es una tontería, pero lo cierto es que, en lugar de enfocarte en la termodinámica, lo que tienes que hacer es abordar cómo te relacionas con la causa de tu estrés para conseguir cualquier clase de cambio auténtico y sostenible en el tiempo. Desde luego, está claro que no siempre es el estrés el que desencadena el hambre. Hay quienes reaccionan a las emociones fuertes comiendo más y hay quienes comen menos, pero en ambos casos el origen radica en cómo gestionan el estrés. Quizá el meollo de la cuestión no sea una mala relación con la comida, sino una mala relación con el estrés. No tienes por qué sentir culpa por comer en exceso ni por su repercusión en el aumento de peso; mejor, busca la causa. Cuando lo hagas, podrás aprender a manejar cómo reaccionas ante el estrés. Tómate el tiempo necesario para analizar detenidamente la causa y reflexionar sobre ella. Confía en la capacidad que tienes para encontrar la solución. No obstante, como consejo, procura evitar los reproches, la culpa y los juicios crueles. Estas suposiciones descarnadas no harán más que acentuar la desesperación y sumirte más aún en el autoengaño.

Una vez seas plenamente consciente de la causa, ponte en marcha en busca de una solución. Esto traerá consigo el resultado que tú mismo hayas creado. Como un efecto dominó, la causalidad es un mecanismo de acción y reacción, no solo físico, sino energético y psicológico. Fíjate, por ejemplo, en un ejemplo de causalidad psicológica de mi propia vida: saber que un búho podría llevarme si no me iba a la cama sirvió para que me fuera a dormir temprano. La consecuencia, eso sí, fue el miedo a los búhos. Mi opinión sobre los pájaros, ni buena, ni positiva, ni nada que se le pareciese, por cierto, terminó reforzándose aún más por culpa de un loro peleón.

Cuando era joven y aún vivía en casa, intenté hacerme amigo del loro de la familia. Es posible que se asustara por el nerviosismo que me invadía, pero agitó sus alas salvajemente y me lanzó un graznido. En otra ocasión me asestó un buen picotazo con ese pico afilado y puntiagudo que tenía. A raíz de este tipo de sucesos durante mi infancia, mi espejo se emborronó; dejé de ver a los pájaros con claridad, solamente era capaz de verlos como una especie de bichos alados dispuestos a hacerme daño. Hasta el día de hoy, cada vez que veo un pájaro inofensivo posarse ante mí, aunque sea de lejos, tengo que visualizarme haciéndome amigo del pájaro, sosteniéndolo y acariciándolo con delicadeza. Cuando hago frente al miedo en mi mente, me armo de valor para pasar de largo. Visualizar la bondad y la compasión es un arma muy poderosa. A veces, sin embargo, este tipo de encuentros evocan recuerdos profundos susceptibles de camuflar la verdad y reforzar aún más el autoengaño. Eso es lo más complicado cuando se trata de ver la verdad.

La verdad es que el pájaro es simplemente un pájaro, y al igual que la cobra, si conoces su auténtica naturaleza, sabrás tratar con él de una forma inteligente y segura.

Ver la verdad

Cuando somos testigos de la verdad más auténtica, la dirección que seguimos en la vida está más clara. No obstante, alcanzar la verdad es una tarea delicada. Para ilustrar esta idea basta recordar la historia del excursionista que, un día, se dispuso a ir de excursión a una impresionante y pintoresca meseta situada al pie de las montañas con su enorme perro. Su GPS dejó de funcionar a mitad de camino, tras lo cual decidió pedir indicaciones a un vecino. Consciente del peligro que entraña el senderismo si uno se equivoca de camino, el montañista desconfiaba de cualquier información errónea. Así pues, buscó a guías capaces de facilitarle las indicaciones más fiables y quiso evitar a todo el que le indujera a error. Al llegar al pueblo, se dirigió al centro de información y preguntó si podía reunirse con un par de guías. Pidió un guía al que consideraran honesto y otro propenso a mentir. Al cabo de un rato, aparecieron los dos guías frente a él sin saber qué quería exactamente. El hombre les preguntó: «Me gustaría ir de excursión a la meseta y me gustaría que me dierais indicaciones para llegar».

El más honesto de los guías le explicó que lo normal era cruzar el río para llegar a la meseta, pero, como llevaba un perro grande, le propuso que primero cruzara la montaña a pie para llegar a la meseta. Y el hombre que solía mentir no tardó mucho en decirle ¡precisamente lo mismo! Puesto que los dos guías le habían dado exactamente la misma respuesta, pensó que no habría forma de saber qué era verdad o qué no. Desconcertado, el excursionista se dirigió de nuevo al centro de información y preguntó: «Si el guía honesto y el guía que tiende a mentir han dicho lo mismo, ¿cómo puedo saber cuál es la verdad? ¿Están los dos mintiendo o diciendo la verdad?».

¿Qué es más honesto: la verdad de las palabras o la verdad de los motivos? Cuando quieras renunciar al autoengaño para favorecer el autoconocimiento, piensa por qué haces lo que haces. Recapacita sobre los distintos condicionantes y motivos ocultos que se esconden tras tus actos. Hay quien se hace médico para ganar mucho dinero y luego se pregunta por qué a pesar de tanta riqueza se siente tan desgraciado. En cambio, otros se dedican a la medicina porque sienten compasión por los enfermos y quieren ayudarles. Aman su trabajo y se sienten satisfechos. Cuanto mayor sea la comprensión que tengas sobre esta relación entre la verdad y la aceptación del porqué de las cosas, más cerca estarás de la realidad y, con ello, menor será tu autoengaño.

Recuerda que la vida es como un espejo; todo lo que percibes es un reflejo de tu mundo interior. Limpiar tu espejo de manchas que distorsionan la realidad significa librarte del autoengaño y aproximarte a la verdad. Cuando te acercas a la realidad, compruebas que existen razones por las cuales las cosas son como son. Lo que estás viviendo tiene una causa y un efecto consecuente. Consciente de ello, explora cuál es la causa de tu felicidad. Y como la felicidad es una cuestión de perspectiva, pregúntate: ¿Está la bolsa de patatas medio vacía o medio llena? Quizá no te gusten las patatas fritas. Sea como sea, atrévete a admitir la verdad y a confesar tus defectos sin juzgarte, con valentía. Solo entonces podrás asumir la responsabilidad plena de tu vida y cambiar lo que sea necesario cambiar.

Reflexión

Una simpática y enorme búfala de agua vivía a orillas del bosque. Cuando hacía mucho sol, se tendía bajo la sombra de los árboles. Un mono travieso divisó a la bestia gigante mientras dormía y le pareció que sería divertido gastarle bromas. Se descolgó por los aires y tiró de la cola de la búfala. Esta se levantó de un salto y miró a su alrededor. «¿Quién ha sido?», preguntó. El mono murmuró: «¡Qué boba!». Los demás monos se rieron en voz baja. La búfala de agua se dirigió a otro lugar con sombra que hubiera cerca. Cuando ya se había dormido, notó cómo algo le golpeaba la cabeza. Volvió a levantarse y a mirar por todas partes. Al ver nueces a su alrededor, asomó la cabeza y vio al mono que se reía disimuladamente. «Parece que hoy no voy a poder descansar mucho», se dijo a sí misma. El mono siguió gastándole bromas hasta que la tierna bóvida se resignó a su destino. Al ver el panorama, un diminuto caracol le dijo: «Eres más grande que ese mono; ¿por qué no le das un golpe en el hocico?». La búfala de agua replicó: «Gracias por preocuparte, amiguito, pero no quisiera hacerle daño a nadie». Entonces, se alejó de la sombra de los árboles para descansar bajo el sol del campo. Poco después, un búfalo con malas pulgas ocupó su lugar bajo el árbol sombrío. Creyendo que se trataba de la misma criatura, aquel mono necio volvió a tirarle de la cola al búfalo. Sin embargo, esta vez el búfalo estampó con fuerza al travieso primate contra el tronco de un árbol. «¡Ay!», se quejó el mono. Cuando la bestia enfurecida se disponía a pisotear al mono herido, la noble búfala de agua oyó el alboroto y se abalanzó frente a él, salvándole la vida. Asombrado por su bondad, el mono respondió diciendo: «Gracias, pero ¿por qué me salvas? Te he estado molestando un buen rato». A lo que la búfala de agua respondió: «La verdad es que eres un mono bastante travieso, pero yo no soy como tú. Me gusta tratar a los demás como me gustaría que me trataran a mí». El mono se percató de su error y a partir de aquel día se volvió más amable.

Ya es hora de limpiar tu espejo. Ser capaz de ver tus defectos claramente y sin juzgarte te permite ver los aspectos en los que podrías mejorar y hacer los cambios que sean necesarios. Empieza por intentar identificar cinco aspectos en los que necesites mejorar, sabiendo que te llevará tiempo y esfuerzo. Somos tantos los que estamos ciegos ante nuestros defectos que nos engañamos a nosotros mismos. Nos limitamos a ver nuestras virtudes, pero no vemos nuestros defectos. Al mismo tiempo, somos bastante hábiles a la hora de reparar en los defectos de los demás. Este tipo de sesgo perceptivo es un hábito profundamente arraigado. También explica por qué los demás ven con más facilidad lo que hay de malo en nosotros. Se necesita retroalimentación, capacidad de introspección, honestidad con uno mismo y una mente abierta para reconocer y aceptar nuestros puntos débiles.

Una vez identifiques los aspectos en los que necesitas crecer, busca remedios para cada problema. Desde el mismo momento en que encuentres el remedio para el problema en cuestión, llévalo a la práctica de inmediato. Si no ves en qué debes mejorar, pregunta directamente a algún amigo en quien confíes, a un familiar o a cualquiera que creas que te dará una opinión sincera. Pídeles que sean tu espejo. Al identificar y poner remedio a, como mínimo, tres áreas problemáticas, conseguirás un cambio positivo en tu propia persona y en tus relaciones con los que te rodean. Te garantizo que tu vida empezará a mejorar. Cuando escuches cómo perciben los demás tus puntos débiles, ten en cuenta sus comentarios con total honestidad. No rechaces automáticamente su opinión ni finjas ignorarla. Ábrete a escuchar de forma sincera las críticas de los demás. Impone luego un límite en torno al tiempo que dedicas al asunto; dedícale veinte minutos a la autorreflexión y plantéate si sus comentarios son acertados. Si sus palabras se sostienen con argumentos, reconoce tus defectos y actúa en consecuencia para lograr una transformación positiva.

Imagina que en tu casa todos estuvieran dispuestos a reconocer tres defectos propios o incluso alguno más. En tal caso, ¿te imaginas la transformación a la que se sometería todo el mundo en casa y la felicidad que eso supondría para vuestro hogar? Si adoptas esta práctica con otros, procura no presionar a nadie a cambiar, por tentador que pueda resultar. La única forma de convencer a los demás de lo ventajoso que es este tipo de superación personal es demostrando tú mismo el poder que tiene conocerse a uno mismo. Resuelve primero tus problemas; limpia tu espejo, mira a los ojos a la verdad y haz cambios para mejorar.

5

Creer en uno mismo, no ensimismarse

El alcance que tiene el universo es impresionante Hay más estrellas en esa totalidad que granos de arena en una playa. Aunque te guste pensar que eres el centro del universo, este cosmos asombroso está en constante expansión y, en realidad, no tiene centro alguno. Insinuar que crees que eres el centro del universo puede parecer una acusación dura, pero realmente lo que pretende es ofrecerte una visión *empoderante*. Y es que, si el mundo girara a tu alrededor, tendría que estar separado. ¿Te sientes separado del mundo? Te aseguro que no es así. Formas parte de una red ilimitada de interacciones; eres solo una pieza de un enorme puzle formado por experiencias causales tan interrelacionadas entre sí que escapan a nuestra comprensión. Tu ser físico existe gracias a los recursos de un planeta que tiene unos cuatro mil quinientos millones de años y que gira alrededor de una estrella a la que llamamos Sol. Muchos se apartan a sí mismos de este mundo y, en consecuencia, se centran básicamente en sí mismos. Les resulta difícil darse cuenta de la interdependencia que les une a un cuerpo celeste que gira en torno al Sol, y no en torno a ellos. Puede que incluso lleguen a pensar «¡Vaya, *me* parece increíble que alguien piense que *me* creo el centro del universo! ¡Pero…basta ya de hablar de ellos!». Sin embargo, cuando te paras a pensar realmente en la inmensidad del universo, tú no eres más que una pieza diminuta del puzle. La Tierra es tan minúscula que es capaz de caber en el Sol 1,3 millones de veces, así que imagina lo pequeño que eres tú en comparación. ¿Cuánto de esto has asimilado? Ojalá que mucho, aunque a muchos de nosotros nos cuesta comprender realmente cuál es nuestro lugar en este universo. Por muy desagradable que esto pueda sonar, muchos de nosotros estamos demasiado llenos de nosotros mismos.

El comportamiento egocéntrico no es algo que yo desconozca. Lo vi durante mi carrera universitaria. Tuve la gran suerte de estudiar en uno de los mejores institutos monásticos del mundo, la Universidad Monástica de Sera Jey, donde obtuve el equivalente a un doctorado en filosofía budista para luego convertirme en profesor. Puesto que Sera Jey tiene dos divisiones diferentes, una para estudiantes en edad escolar y otra para estudiantes universitarios, había una gran cantidad de monjes estudiantes. Como estaba repleto de estudiantes, tenía que compartir mi habitación, a veces con los monjes más jóvenes en edad escolar. De 1997 a 2015, durante mis años de docencia, me di cuenta de que había dos tipos distintos de estudiantes: los astutos e ingeniosos, y los ingenuos y apacibles. La gente tendía a confiar más en los alumnos menos astutos que en los más listos. Compartía mi habitación con un joven alumno llamado Lobsang, ¡que era un chico muy resuelto! Era especialmente perspicaz y observador, además de muy astuto. Durante las vacaciones, los alumnos pueden ver películas. A veces piden prestadas películas a los vecinos. Una vez, los alumnos mandaron a uno de los chicos más inocentes a buscar algunas películas en DVD. Después de un buen rato buscando, volvió con las manos vacías. Entonces mandaron a Lobsang, que era muy astuto. Volvió orgulloso cargando dos montones de DVD.

Me preguntaba cómo habría conseguido tantas películas en tan poco tiempo. Después me enteré de que iba por ahí diciéndole a todo el mundo que era yo quien quería las películas, y que las quería inmediatamente. Hasta ese punto llegaba la astucia de este joven tan brillante. Esa también es la razón por la que la gente no confiaba en él. Mentía y se movía por su propio interés. Se fiaban más de los estudiantes más sencillos. Por naturaleza, el alumno sencillo y humilde suele pensar menos en sí mismo y es consciente de que el mundo no gira a su alrededor. Lo importante es utilizar tu inteligencia, no para reforzar tu ego ni para salirte con la tuya. No sucumbas al cálculo egoísta si quieres que los demás confíen en ti.

Honesto, no perfecto

Como he comentado antes, una forma sencilla de reconocer tu propia naturaleza egocéntrica es mirando una foto de grupo en la que salgas tú. Si te miras a ti mismo de inmediato, es probable que estés ensimismado. Esto también ocurre con las videoconferencias virtuales. ¿Te fijas sobre todo en tu propia imagen, asegurándote de que el fondo esté a tu gusto? A veces doy clases por videoconferencia y, en ocasiones, se suma a la clase un gato o un perro juguetón o algún niño inquieto. Es sano tener esta autenticidad. Somos mejores cuando somos honestos, no perfectos. Pero hay quien no lo sabe. Recuerdo que conocí a una mujer que estaba muy preocupada por su hijo. Su hijo y un buen amigo de este acababan de graduarse en la universidad. Poco después, el amigo de su hijo empezó a alardear en las redes sociales: colgó fotos de su nuevo y excelente trabajo, de su lujoso coche, de su preciosa casa y de otras cosas que mostraban lo mucho que había mejorado su estilo de vida. El mundo giraba a su alrededor. Al verlo, su hijo se hundió. Todavía no había encontrado un trabajo que le reportara un beneficio económico, así que se sentía sumamente ansioso y deprimido. No se daba cuenta de que el mundo de Internet no puede reflejar si una persona es feliz de verdad. Regodearse no es un fiel reflejo de la propia felicidad. Si necesitas alardear, lo más probable es que te falte confianza en ti mismo y no seas realmente feliz.

Cualquier persona puede publicar lo que quiera en Internet y asegurar que es real. Muchos preferimos distorsionar nuestra realidad para sentir una pizca de importancia hacia nosotros mismos en vez de publicar la verdad, que impresiona menos. Al hacerlo, es fácil perder la perspectiva de la realidad y creernos nuestra propia campaña publicitaria. Es más, como hay tanta gente a nuestro alrededor preocupada por su imagen pública, lo más probable es que nosotros hagamos lo mismo por espíritu de competición. Comparamos nuestro personaje ficticio en Internet con los personajes ficticios de los demás. Incluso en las videoconferencias existe una opción de filtro para darte mejor aspecto. Nadie puede estar a la altura de este tipo de perfección manipulada. Comparar nuestra vida real con la de otra persona con filtros solo provocará inseguridad, celos y, como resultado, mucha competencia. En el caso del hijo de mi alumna, en lugar de alegrarse por el éxito de su amigo, empezó a ser consciente de lo que le hacía falta. Empezó a compadecerse de sí mismo. Sin embargo, cuando pensamos en alguien con un ego desmesurado, ni siquiera nos planteamos que ese comportamiento egocéntrico pueda ser en el fondo el resultado de un sentimiento de carencia. Simplemente, no puedes confiar en los bienes materiales como un medio para alcanzar la felicidad. En vez de compararse con su amigo, ¿qué habría pasado si el hijo de mi alumno hubiera sentido alegría por los logros de su amigo? ¿Se sentiría tan deprimido y angustiado?

Parte de un colectivo

Es evidente que pensar tanto en lo que quieres y en lo que tienes —o no tienes— solo alimenta la neurosis. Cuanto más te centras en ti mismo, más sufres. En lugar de eso, haz un esfuerzo por ver que formas parte de un colectivo en este planeta, y que cada persona tiene un papel importante que desempeñar. O, como dijo el poeta John Donne, «ningún hombre es una isla». Todos somos también parte de un continente. Formamos parte unos de otros hasta el punto de que nos necesitamos unos a otros. ¿De qué otra forma conseguirías el papel higiénico? O cualquier otra cosa, incluida la felicidad. Es imposible ser feliz si solo te centras en ti mismo. Por supuesto, debes sacarte de encima el ensimismamiento. Conozco una historia ideal sobre una persona perspicaz que precisamente hacía eso.

Hay una antigua historia en el libro *La liberación en la palma de tu mano* sobre un famoso maestro tibetano llamado Gueshe Baen Gunggyael y el momento en que reconoció su ensimismamiento. Baen había acudido a una reunión anual en la que el anfitrión servía enormes cuencos de cuajada. La cuajada es un producto lácteo popular originario de India, similar al yogur cremoso. Al ver la suculenta cuajada derramada sobre los platos de la gente, Baen se puso a la cola impaciente por poder probarla. Mientras esperaba su turno, miró hacia delante y vio que el anfitrión estaba repartiendo cucharadas enormes a los primeros de la fila. En un momento de consternación ególatra, pensó: «¡Oh, no! Si les dan tal cantidad a los de delante, ¿quedará algo para mí?». En ese momento, se dio cuenta de algo muy importante. Se dio cuenta de que estaba pensando demasiado en sí mismo. Sus propios pensamientos egoístas se habían convertido en codicia y le habían hecho sufrir. Tras ponerse por fin en primera fila, el anfitrión le ofreció una buena cucharada. Al reconocer su egoísmo, Baen miró al anfitrión y le dio la vuelta al plato. El anfitrión le preguntó: «Baen, ¿podrías poner tu plato boca arriba para que pueda echarte un poco de cuajada?». Baen respondió: «No, gracias, mi mente egoísta ya se ha comido la cuajada». Baen se percató de su avaricia egoísta y se plantó en su contra.

Para arrancarte el ensimismamiento, debes hacer lo mismo que Baen. Observa lo que sucede en el momento en que sucede y, como dice el dicho, ¡corta de raíz! Detén ese pensamiento y sustitúyelo enseguida por un punto de vista opuesto, evitando que pueda desarrollarse, fortalecerse y convertirse en un hábito. Es vital que afrontes tu egoísmo y que después lo desafíes. De vez en cuando, en mi época de profesor universitario, algunos de los jóvenes monjes con los que compartía habitación me lo solían recordar. En la temporada de las manzanas, compartía con mis compañeros de habitación trozos de manzana. Cada vez que cogía el trozo más grande de la manzana, me decían acto seguido: «¡Maestro, ha cogido el trozo más grande!». Los monjes jóvenes no dejan de sorprenderme. Son muy perspicaces cuando alguien infringe alguna norma. Al recordarme que me estaba comportando de forma egoísta, me quedé, en primer lugar, asombrado de que estos jóvenes monjes se dieran cuenta; luego, sorprendido de que ni siquiera me diera cuenta de mi propio egoísmo; y, por último, agradecido de que me hubieran ayudado a abrir la mente ante mi ensimismamiento inconsciente. No me puse a la defensiva. Me limité a sentirme agradecido por el hecho de que los estudiantes me recordaran que debía vencer mis hábitos egocéntricos.

Cuando te pillen en un acto egoísta, intenta apreciar el hecho de que alguien te lo haga ver. Algunos estamos tan absortos en nosotros mismos que nos ponemos a la defensiva cuando alguien nos contradice o cuestiona nuestro comportamiento. Sin embargo, la actitud defensiva solo sirve para levantar un muro entre tú y la otra persona. En lugar de eso, es mejor abrirse a las reflexiones sinceras de los demás sobre nuestras cualidades. Piensa en la forma en que mis jóvenes alumnos comparten sus opiniones sinceras conmigo. Lo sorprendente de su honestidad es que cuando cojo el trozo más pequeño de manzana, me dicen: «Maestro, no coja un trozo tan pequeño. Por favor, coja un trozo más grande para comérselo». Por supuesto, les presto atención. ¡Es esencial escuchar las opiniones de los demás!

Escucha activa

¿Qué haces más en tu día a día, hablar o escuchar? Piensa si realmente escuchas a los demás o si te centras en escuchar tus propias opiniones. Cuando escuchas, ¿te engañas a ti mismo eligiendo solo lo que quieres oír? Una vez, había un empleado que no paraba de cometer un montón de errores en el trabajo. Sucedía una semana tras otra. El jefe, harto de su bajo rendimiento laboral, le hizo una advertencia: «¡Si no te pones las pilas, tendré que contratar a otro!». Creyéndose un trabajador impecable, el hombre respondió diciendo: «¡Oh, sí! ¡Contrata a otro! Con tanto trabajo por hacer, seguro que nos vendría bien alguien que nos echara una mano». El empleado fue despedido en el acto. Le costó perder su trabajo darse cuenta de lo equivocada que estaba siendo su conducta. Si quieres ser feliz en tu relación con los demás, deja a un lado tus opiniones y luego escucha hasta comprender. No te limites a escuchar con pasividad sus palabras sin tener en cuenta su importancia.

Para escuchar de forma activa, no debes ser tan protector con tu punto de vista. Haz lo contrario: deshazte de tus opiniones e intenta comprender de dónde parte la otra persona. Si es necesario, pregunta para aclarar las cosas. La familia, los amigos, las parejas y las comunidades saldrían beneficiados de una escucha auténtica. Por ejemplo, mis padres. Como muchas parejas, mis padres discrepan de vez en cuando en sus opiniones. Si mi padre se siente ofendido, se cierra en banda y se niega a escuchar a mi madre. Tras una de esas discusiones, le sugerí a mi padre que simplemente escuchara a mi madre en lugar de cerrarse. Le propuse que la escuchara en lugar de ignorar su punto de vista. Me escuchó. Al principio le costó, pero con el tiempo le fue resultando cada vez más fácil. Cuestionaba a menudo la supremacía de sus opiniones y luego las ponía en tela de juicio abriendo su mente a otro punto de vista. Ahora es capaz de ver que, si le da a mi madre la oportunidad de hablar, la escucha activamente y la comprende, sus disputas se resuelven rápidamente. No es suficiente con oír este consejo; debes hacer un gran esfuerzo para descubrirte a ti mismo cogiendo el trozo de manzana más grande. Entonces, haz lo contrario.

Esta historia me recuerda a la de un ladrón y un empresario. Había un maestro sabio y bondadoso que impartía habitualmente clases gratuitas al aire libre. Un empresario y un ladrón pasaban por allí y oyeron por casualidad a aquel maestro prodigioso. Ambos decidieron quedarse hasta que el gran maestro terminara su lección. Entonces, el maestro terminó su clase con unas instrucciones que sus oyentes debían seguir. Dijo: «Seguid haciendo lo que estáis haciendo. Seguid haciendo exactamente lo que estáis haciendo con vuestra vida».

Al oír esto, el ladrón se acercó al maestro para hacerle una pregunta. Le preguntó: «Ha dicho que continuemos con lo que estamos haciendo con nuestra vida, pero yo soy un ladrón. ¿Le parece bien lo que hago? ¿Debo seguir robando durante el resto de mi vida? El maestro le miro y repitió: «Sigue haciendo exactamente lo que estás haciendo». El empresario alcanzó a oír su conversación y se dijo: «Este increíble maestro ha dicho que debemos continuar, así que debo seguir con mi negocio». Otro de los asistentes que había estado allí durante toda la lección oyó estas palabras: «Sigue haciendo exactamente lo que estás haciendo con tu vida», y pensó que el profesor se refería precisamente a eso. Sigue asistiendo y escuchando las sabias lecciones del maestro, y luego ponlas en práctica en tu vida.

Esto nos demuestra que el hecho de escuchar es algo muy subjetivo. Algunas personas solo escuchan lo que les gustaría oír, y no escuchan de verdad. Cuando escuchas, es crucial comprender el significado de lo que estás escuchando. Tanto el empresario como el ladrón estaban preocupados pensando en la forma en que conseguirían dinero. Así que, como es natural, pensaron que el maestro quería decir que debían continuar con sus medios para amasar fortunas. Para comprender, debes estar presente. Y para estar presente, debes dejar de pensar solo en ti mismo.

Creer en uno mismo, no ensimismarse

Cuando logres liberarte de tu ensimismamiento, te sorprenderás de la paz y la felicidad que sentirás. Si lo analizas con detenimiento, verás que el origen de tus emociones negativas, de tu GAS, casi siempre es tu ensimismamiento. Por eso es esencial cambiar la relación que tienes contigo mismo. Solo así podrás comprender el problema que supone estar ensimismado y sustituirlo por creer en ti mismo. He trabajado con personas que han confundido creer en sí mismas con tener confianza en sí mismas. Pueden parecer similares, pero hay una gran diferencia entre ambas. Creer en uno mismo es saber que eres valioso, que tienes fuerza interior y que ocupas un lugar en este mundo, siendo tal y como eres. Consiste en tener la convicción de que has nacido siendo valioso. Por otra parte, la confianza en uno mismo conduce a una visión distorsionada y grandiosa de ti mismo. La confianza puede basarse en nociones falsas, por eso considero que el término «confianza en uno mismo» encierra aspectos problemáticos.

La industria de la «belleza» ha afirmado en muchas ocasiones barbaridades para que la gente tenga más «confianza en sí misma». Una vez visité unos grandes almacenes que vendían cosméticos que supuestamente te hacían parecer más joven. La dependienta me animó a que probara un dispositivo diseñado para detectar las arrugas. Me colocó un artilugio en la cabeza, que proyectaba mi cara en la pantalla de su ordenador. Puso de relieve la gravedad de mis arrugas; podía verlas todas aumentadas en la imagen de mi rostro que aparecía en el ordenador. Tras señalarme las arrugas, la dependienta intentó venderme varios productos antiarrugas, insistiendo en que eso era lo que yo necesitaba para librarme de esos pliegues antiestéticos. Entonces le pregunté si no le importaría que viera cómo quedaba su proyección en la pantalla del ordenador. Apenas se puso el dispositivo de detección de arrugas en la cabeza y proyectó su rostro en la pantalla, el resultado resultó ser idéntico. Al parecer, las dos necesitábamos algún que otro producto que redujera la aparición de arrugas, ¡a pesar de ser ella quien los vendía y de sus increíbles resultados!

Francamente, el envejecimiento provoca la aparición natural de arrugas, y ninguna crema antiarrugas del mundo hará feliz a nadie.

La felicidad viene del interior, pero el consumo tiende a centrarse en el exterior. Es posible que los cosméticos y otras cosas por el estilo te confieran momentáneamente confianza en ti mismo, pero no pueden darte autoestima. La confianza en uno mismo nos proporciona algo indiscutible y arraigado. Es una fe poderosa y pura en tu capacidad innata para afrontar los retos de la vida. Es confiar en ti mismo como confiabas en tu madre o en quien te cuidaba cuando eras un niño pequeño. El alivio de uno mismo no tiene nada que ver con la autocomplacencia o la egolatría ni el ensimismamiento, pues ese tipo de pensamiento egocéntrico no conduce a la felicidad. Por el contrario, tiene mucho que ver con tu capacidad para relacionarte funcionalmente con el mundo que te rodea. Te impulsa a relacionarte con los demás de forma sana y a confiar en tu proceso. Inspira un espíritu de bondad y generosidad. Esa generosidad te conduce a la felicidad. ¿Alguna vez le has dado algo a alguien y eso te ha hecho sentirte alegre?

Cuando la generosidad se convierte en algo natural

Cuando uno no está mirándose continuamente el ombligo —a lo que llamamos ensimismamiento— la generosidad sana se convierte en algo natural. Hace un tiempo, fui a ver a Su Santidad el Dalái Lama. Los anfitriones organizaron un almuerzo multitudinario para todos sus visitantes. Como había tanta gente, el almuerzo se servía a toda velocidad. La fila de gente se agolpaba para que les sirvieran. Yo no fui la excepción. Sin embargo, cuando por fin conseguí que me sirvieran, había tanta gente que no había suficientes sillas para todos. Al final, me las arreglé para encontrar una. Sin embargo, en cuanto me senté a disfrutar de mi almuerzo recordé que estábamos allí para que Su Santidad nos motivara a obrar en beneficio de los demás, ¡no en el nuestro propio! Me levanté de inmediato e intenté ceder mi silla a alguien que la necesitara. Lo gracioso fue que todos estábamos obrando en beneficio de los demás, así que todos me decían: «¡No, por favor, siéntate tú!». A todos nos alegraba ceder esa silla a otra persona.

La generosidad alimenta la esperanza, construye una autoestima sana y tiene numerosos beneficios que no se ven a simple vista. En la actualidad, existen numerosas pruebas científicas que demuestran que dar promueve el bienestar y, por ende, la alegría. Dar te hace sentir feliz. Un estudio de 2017 publicado en *Nature Communications* utilizó tecnología de resonancia magnética en participantes que se comprometieron a ser generosos consigo mismos o con los demás para investigar la relación entre generosidad y alegría. Descubrieron que la parte del cerebro asociada al altruismo y la alegría se estimulaba cuando los participantes ponían en práctica la generosidad dando a los demás en lugar de a sí mismos. En otro estudio del Instituto Nacional de Salud se confirmó que cuando una persona hace donaciones a organizaciones benéficas, su cerebro libera endorfinas, lo que provoca una sensación denominada «subidón del ayudante». El comportamiento altruista activa una parte de tu cerebro asociada a la conexión social, el placer y la confianza.

Los actos de caridad fomentan la cooperación y la conexión social. He visto que cuando las personas actúan con caridad y dan a los demás, los demás tienden a corresponderles. La generosidad fomenta la confianza y la cercanía en la comunidad porque ves a los demás bajo una luz positiva. El dar despierta gratitud, lo que te lleva a sentirte mejor con tu vida y a ser más optimista. La generosidad es contagiosa. Cuando la gente observa que otros son generosos, se desencadena un efecto dominó en la comunidad, sembrando semillas de esperanza y bondad, además de fomentar un comportamiento similar entre los miembros de la comunidad. Dar es un ejemplo excelente de la felicidad que nace del interior. El hecho de ser de manos y corazón abiertos no tiene por qué limitarse a hacer regalos. También puedes ser generoso con tu tiempo, atención, ayuda, energía, empatía y consideración. En cambio, yo limitaría lo generoso que eres con tu opinión; ¡dar tu opinión no es la clase de generosidad a la que me refiero!

Ponte en sus zapatos

Comportarse de forma desinteresada tiene un sinfín de beneficios increíbles y es un vehículo para generar alegría, mientras que el ensimismamiento tiene el efecto contrario. Por eso te animo a que abraces el comportamiento altruista y de buen espíritu. El ensimismamiento es un mal hábito. Para romper este hábito de pensar siempre en ti mismo, debes pensar en las necesidades de los demás. Comienza por pensar desde la perspectiva de los demás. Intenta ponerte en su lugar. Comprender el punto de vista de los demás es una cualidad que hay que cultivar. Todo lo que sucede en tu vida lo ves desde tu propio punto de vista. Tal vez quieras empezar a experimentar viendo otras perspectivas en situaciones que pueden considerarse arbitrarias, como cuando determinas si algo está exquisito o asqueroso, o si es bonito o feo. Dos personas pueden ver el mismo color, pero tener apreciaciones muy distintas de él. Si no tenemos en cuenta puntos de vista ajenos, el pensamiento subjetivo y sentencioso puede obstaculizar la comprensión auténtica, sobre todo en situaciones que te involucran. Esto puede derivar en conflictos, falta de aprecio y de compasión. Por eso, antes de formarte un juicio de valor firme acerca de algo, es necesario que te tomes un tiempo para mirar más allá de tu propia perspectiva, dejar a un lado tu ego y aplicarte algo de empatía y comprensión.

Una vez, por ejemplo, viajando por el sur de India, me puse unos zapatos que me apretaban demasiado los pies. No dejaba de pensar en lo incómodos que me resultaban y en lo que me gustaría tener un par más cómodo. Entonces vi a un pobre hombre descalzo. Pensé en lo tremendamente incómodo que debía de ser para él andar con los pies descalzos por el suelo pedregoso y abrasador. Cuando reflexioné sobre la perspectiva de aquel hombre, me sentí afortunado de tener aquel par de zapatos incómodos. En consecuencia, mi actitud hacia mis zapatos apretados empezó a cambiar. Empecé a sentirme afortunado por tener zapatos. A veces, puedes llegar a intuir la perspectiva de otra persona, pero te invito a que vayas más allá. Ponte en los zapatos de la otra persona —o en los zapatos que le faltan. Te animo a que te retes a ti mismo en este sentido. Da ese paso adelante para ampliar tu perspectiva y comprender de verdad a los que te rodean.

En un mundo que pide ayuda a gritos, desarrollar compasión es crucial. Para ello, hay que romper con el hábito del «yo, yo, yo». No obstante, recuerda que tú también necesitas compasión. Aunque pienses que el mundo gira a tu alrededor, es esencial que no seas tan duro contigo mismo. El hecho de ensimismarse suele ser el resultado de una sensación de que, de una manera u otra, no eres suficiente tal como eres. Quizá no te sientas a salvo, o tal vez te sientas solo o inseguro. Esto puede deberse a una predisposición genética, a un comportamiento aprendido o incluso a un trauma infantil. Lo ideal sería que tu sentido positivo de autoestima comenzara al nacer, con el amor y la atención de quien te cuida, y que luego floreciera con el cariño de tu comunidad, tu familia y tus amigos. Aun así, como la vida, naturalmente, tiene dificultades, muchos de nosotros no llegamos a esta situación idónea. Te topas con golpes duros. Cuando uno se siente herido emocional y psicológicamente, puede producirse una falta de confianza en uno mismo y, a consecuencia de ello, mucha rumiación negativa —hasta el punto de que resulta complicado escapar de uno mismo. No obstante, tu dolor personal puede ser, de hecho, una oportunidad para crecer espiritualmente de una manera saludable. Una forma de romper el hábito de la fijación negativa en uno mismo es sustituirla por tomar en consideración la perspectiva de otras personas. Piensa en los muchos beneficios de tu relación con el mundo, como respirar aire puro o beber agua limpia. Lleva este sentimiento tan sano a otro nivel y compórtate de forma que refleje comprensión, aprecio y compasión hacia las personas más cercanas. Genera un patrón de pensamientos y acciones saludables. Aunque al principio tengas que pasar por el aro, desarrollar esta forma de ser se traduce en una transformación beneficiosa dentro y fuera de ti.

Eres parte del todo y aspiras a lo mismo que los demás seres conscientes. Quieres ser feliz. Cuando comprendas esto sobre ti mismo, podrás comprender a los demás. Todo el mundo quiere alegría, pero cada cual se las arregla para lograrla de un modo distinto. Este impulso feroz por encontrar la felicidad puede derivar en una fijación poco saludable de tus deseos egoístas. Debes descubrirte en el momento en que te pierdas en el ensimismamiento. Para identificar tus tendencias egoístas, haz un esfuerzo intencionado por ser consciente de tu pensamiento y tu comportamiento. Mantente alerta ante tu hábito insano de autorreferencia repetida. Cuando piensas o hablas, ¿se repite demasiado la palabra «yo», «me» o «mi»? ¿Cuánto interés muestras por la perspectiva de los demás? ¿Estás monopolizando la conversación? ¿De qué manera te pones en el lugar del otro? Cuando estás preocupado por ti mismo es difícil que puedas mostrar una empatía auténtica a otra persona. Trata de escuchar de verdad para comprenderlos. Una vez percibas tu egoísmo, piensa en los muchos y maravillosos beneficios de la relación que mantienes con el mundo que te rodea. En situaciones sociales, dedícate a escuchar de forma activa y procura estar presente ante las experiencias de los demás. Actúa conscientemente con el espíritu de entregarte a ese momento. Si lo haces, dejarás de sentirte el sol. Pero, sin lugar a dudas, ¡serás una estrella brillante y resplandeciente!

Reflexión

Un hombre mezquino y avaro vivía en una lujosa mansión con un perro guardián al que no se molestaba en nombrar y unos sirvientes a los que nunca llegó a conocer. Pasaba la mayor parte del día aislado, contando con avaricia su oro. Nunca invitaba a otros aldeanos a su majestuosa casa. Si alguien llamaba a su puerta, lo echaba de allí irritado, sobre todo si era un mendigo. Solo salía de su casa para recaudar impuestos. En una ocasión, salió en su lujoso y elegante carruaje con su perro guardián. Mientras hacía su ronda, unos ladrones musculosos le abordaron y se apropiaron de todo lo que había recaudado y de su carruaje. Cambiaron sus andrajosas vestimentas por las lujosas del avaro. Al quedarse sin nada, el avaro gritó furioso a su perro guardián. «¡Menudo guardián estás hecho!», gritó.

Tras muchas horas deambulando hambriento por el frío y húmedo bosque, dio por casualidad con una pequeña cabaña envuelta en la creciente oscuridad del crepúsculo. Esperando que los habitantes fuesen caritativos, se armó de valor para llamar a la puerta y pedir un poco de comida y un lugar caldeado en el que pasar la noche. «Pase, querido señor», le dijo el amable hombre, dándole la bienvenida a su humilde casa de una sola habitación. «Siéntese junto al fuego mientras preparo un cuenco de arroz para usted y su compañero perruno. Le daría más, pero es todo lo que tengo». Conmovido y asombrado por la generosidad del hombre, le dio las gracias. El amable hombre preparó el arroz, y el avaro y su perro sin nombre devoraron la comida caliente y luego se durmieron junto al fuego. Cuando despertó, sintió una alegría en el corazón que nunca antes había experimentado. «Hombre bondadoso y compasivo, me has mostrado muchísima generosidad y atención. ¿Podrías acompañarme a casa?», pidió el avaro. El pobre habitante de la cabaña accedió encantado. Una vez en casa, el avaro hizo algo muy poco característico. Ofreció a su recién estrenado amigo una lujosa habitación en su mansión y abundantes comodidades de por vida. Su humilde héroe aceptó su considerado regalo y, con el tiempo, entablaron una fuerte amistad. Cada día que pasaba, el puño cerrado del avaro se abría un poco, permitiéndole crecer en comprensión y generosidad. Llamó Pal a su perro guardián y llegó a conocer y a querer bien a sus criados. Y lo que es más importante, cada vez que un mendigo llamaba a su puerta, le ofrecía un gran cuenco de arroz caliente y una cama cómoda donde dormir.

En el capítulo 8 de *El camino del Bodhisattva,* el sabio y compasivo monje budista indio Shantideva escribió: «Toda la alegría que el mundo contiene ha surgido al desear la felicidad para los demás. Toda la miseria que contiene el mundo ha surgido al desear el placer para uno mismo». Si estás ensimismado, estás valorándote por encima de los demás. Para remediarlo, debes prestar atención a cualquier motivo egoísta. ¿Cuántas veces te miras al espejo? ¿Tienes todas las respuestas? ¿Es para ti el trozo de pizza más grande? ¿Con qué frecuencia publicas fotos tuyas? ¿Es tu sufrimiento mayor que el de los demás? Cuando la actitud de egoísmo es fuerte, te invaden los pensamientos sobre ti mismo y te interpones en tu propio camino hacia la felicidad.

Para transformar algo tan insidioso como el egocentrismo, a la primera señal de egoísmo —cuando te sientas GASEOSO— haz frente al impulso de forma inmediata y directa. De entrada, es un reto sacrificar tus tendencias narcisistas de forma significativa. En pequeñas dosis, renuncia a lo que te pueda beneficiar a ti por algo que beneficie a los demás. Por ejemplo, cuando comas con otras personas, si te ponen un cuenco de fruta y decides coger la mejor pieza, fíjate inmediatamente en la actitud de autocomplacencia. Devuelve la «mejor» pieza de fruta u ofrécesela generosamente a otra persona. Piensa: «El egoísmo ha aflorado en mi mente. Ahora tengo que ser precavido». Detener tu egoísmo es fundamental en todas tus prácticas.

Para consolidar el hábito saludable de pensar en los demás, intenta poner en práctica la meditación de recibir y dar, que recibe el nombre de *tonglen*. Esta práctica utiliza tu imaginación y la práctica yóguica de respirar alternando las fosas nasales. La respiración con fosas nasales alternas induce a la relajación y a la paz mental. Empieza por traer a tu mente el sufrimiento de alguien a quien quieres e imagínatelo frente a ti. Visualiza que respiras su dolor en forma de niebla oscura. Presiona la fosa nasal derecha y deja que esta niebla imaginaria entre por la fosa nasal izquierda, se desplace hacia la frente y luego baje hacia el centro de tu corazón, donde reside tu egoísmo. Imagina que la niebla oscura arranca de raíz tu egoísmo, para que puedan crecer en ti la comprensión y la compasión. La niebla oscura se transforma en una niebla de color claro. Suelta la fosa nasal derecha y presiona la izquierda. Imagina que el velo claro sale por la fosa nasal derecha y llega al receptor, aliviándole. Luego repite el proceso, inspirando por la fosa nasal derecha y espirando por la izquierda. Sigue alternando las fosas nasales, repitiendo el proceso durante unos diez o quince minutos. Visualiza a la persona a la que cuidas aliviada de lo que le duele. En tu día a día, puedes simplificar esta práctica. Siempre que te encuentres con alguien que sufra, inspira su problema como niebla oscura, y espira el remedio como una niebla clara. Practicando regularmente el *tonglen*, observarás un cambio evidente en tu mente. Cuando se te dé bien recibir y dar con tus seres queridos, podrás hacerlo también imaginándote a seres conscientes hacia los que sientas cierta neutralidad, como vecinos, animales callejeros o dependientes de una tienda. Y una vez que se te dé muy bien, podrás visualizar a personas que te resulten desagradables. No obstante, este último proceso puede resultar mucho más difícil, aunque sea enormemente beneficioso. ¡Inténtalo! Te garantizo que esta práctica pondrá fin a tu egoísmo y reforzará tu compasión.

6

Todos estamos juntos en esto

Al famoso matemático y astrónomo Nicolás Copérnico se le atribuye el dicho: «Saber que sabemos lo que sabemos, y saber que no sabemos lo que no sabemos, esa es el verdadero conocimiento». Este padre de la astronomía moderna fue quien señaló que la Tierra gira alrededor del Sol. Si estás decepcionado porque el mundo no gira a tu alrededor, puedes planteárselo a Copérnico. Como tantos otros pioneros históricos, estaba decidido a descubrir la verdad de cómo son realmente las cosas. Esta búsqueda de la verdad parte de la idea de probar o desmentir alguna creencia. Pensemos en las nociones sobre la Tierra que prevalecían antes de la época de Copérnico. En la antigüedad, había muchas ideas diferentes. Los babilonios pensaban que el interior de la Tierra encerraba un inframundo. Los egipcios creían que el mundo tenía cuatro esquinas, como un cubo, y unas montañas que sostenían el cielo. Fueron los griegos de la antigüedad los que estaban seguros de que la Tierra era redonda basándose en la forma esférica de la sombra de la Tierra sobre la Luna durante un eclipse. Esta hipótesis esférica fue descartada en distintas ocasiones; en el siglo VI, Cosmas Indicopleustes, un monje cristiano, hizo referencia a una descripción de las cuatro esquinas de la Tierra en el *Apocalipsis* para respaldar sus afirmaciones de una Tierra plana. Incluso hoy en día hay algunas personas que creen que la Tierra es plana a pesar de todas las evidencias que demuestran lo contrario. En el mejor de los casos, la gente rechazará las ideas y teorías sin fundamento cuando no haya pruebas o evidencias claras. Si tienes la razón adecuada y pruebas precisas, las ideas sin fundamento pueden cambiar. El filósofo griego Aristóteles comprobó por sí mismo que la Tierra era esférica tras contemplar cómo las embarcaciones iban descendiendo gradualmente por el horizonte; gracias a su curiosidad y al poder de su observación pudo confirmar la verdad. Debes actuar como Aristóteles, con curiosidad por conocer la verdad, y como Copérnico, sabiendo lo que sabes y admitiendo lo que no sabes.

El dicho «la ignorancia es felicidad» es una expresión común. Implica que se está mejor sin conocer los detalles de una situación. Pero ¿acaso el desconocimiento es realmente felicidad? Hace mucho tiempo, en el sur de India, caminaba por una estrecha callejuela junto a uno de mis alumnos. Estábamos completamente inmersos en una conversación. Como íbamos muy apretados, tuvimos que caminar en fila de a uno. Eso no nos impidió seguir hablando. Mientras avanzábamos a paso ligero entre dos edificios altos, me di cuenta de que mi alumno había enmudecido de forma sospechosa. Preguntándome por qué, me volví para investigar. Mi alumno, que estaba muy por detrás de mí, señalaba con nerviosismo a una irritable cobra enroscada en la pasarela que nos separaba. En el sur de India hay muchas cobras, así que no es tan raro encontrarse con una reptando por tu camino. Sin embargo, yo estaba tan metido en el tema de nuestra conversación que ni siquiera había visto aquella serpiente venenosa al pasar. Me sorprendió haberla obviado. Exclamé: «¡Vaya! ¡Hay una cobra! ¡No la había visto!». Estaba a escasos centímetros de ser mordido por una gran serpiente venenosa y ni siquiera lo sabía. La cobra estaba a tiro de piedra. Mi alumno sonrió y gritó: «¡La ignorancia es felicidad, Rinpoche!». No obstante, si la cobra me hubiera mordido, entonces, la ignorancia sería sufrimiento, y en absoluto felicidad. Desde entonces, soy más cauto. El saber es algo estupendo, pero saber de tu propia estupidez es de sabios.

El arcoíris parece real, pero no es más que una ilusión óptica. Captar una imagen de esta gama de colores preciosos obedece a varias causas y condiciones. Un arcoíris depende de factores como las gotas de agua y de tu posición con respecto al Sol. Esta es una manera muy eficaz de demostrar que tu realidad no existe tal como la percibes. La percepción y la realidad son dos cosas distintas. La física cuántica puede ayudarnos a comprenderlo. Esta rama de la ciencia se encarga de examinar objetos diminutos, como las partículas de electrones y protones. Se dedica a estudiar la energía y la materia en su nivel más básico, con el objetivo de detectar el comportamiento y las propiedades de los componentes básicos de la naturaleza. Los fenómenos cuánticos están presentes en todas partes porque todo está formado por partículas y energía —incluido tú. Cuando contemplas la materia en este plano elemental, tu punto de vista cambia.

Ver no es creer

En otros tiempos, un átomo se entendía como una partícula que ya no podía dividirse. Los antiguos griegos fueron quienes dieron nombre al átomo, que significa «no divisible». No obstante, tras investigar, pudimos descubrir que este nombre es un término erróneo; los átomos están formados por partes más pequeñas. La ciencia que se esconde tras el estudio de estas minúsculas partes se denomina física de partículas. Desde el descubrimiento del electrón a finales del siglo XIX, los científicos comprobaron la existencia de los neutrones en los años 30 de siglo XX, y revelaron que el átomo contiene un núcleo central unas diez mil veces más pequeño que el propio átomo. En la década de 1960, los físicos descubrieron algo todavía más pequeño: los cuarks, que son los componentes básicos de los protones y los neutrones. Se cree que son diez mil veces más pequeños que los protones y los neutrones, y se especula que el electrón subatómico es aún más pequeño. Ni siquiera el acelerador de partículas más potente puede investigarlos con todo detalle.

Aunque personalmente no he estudiado la física de las partículas, como profesor de filosofía aprecio que esta rama de la ciencia esté poniendo de manifiesto que las cosas no siempre son lo que parecen. Aunque los físicos cuánticos ya han dividido las sustancias materiales en partes extremadamente finas y sutiles, como los cuarks, actualmente son, desde el punto de vista tecnológico, incapaces de separarlos aún más. Quién sabe lo que descubrirán en el futuro. Como ves, tu percepción de la realidad también es así. Las cosas que existen dentro de tu mundo no existen como tú crees.

Ni siquiera tus sentidos son fiables cuando se trata de ver las cosas con precisión. Los expertos afirman que existe una disparidad entre cómo vemos las cosas y cómo son realmente. Nuestros sentidos están influidos por cosas como el instinto de conservación, recuerdos importantes y energías imperceptibles que nos hacen ver las cosas de forma incorrecta. ¿Es correcto confiar al cien por cien en nuestros sentidos? Por lo general, la gente considera que lo que ven sus ojos o lo que oyen sus oídos coincide totalmente con su realidad, pero no puedes otorgar esa confianza únicamente a tus sentidos. Según el experimento del gorila invisible, realizado por los psicólogos cognitivos Daniel Simons y Christopher Chabris, nuestros sentidos no son fiables. Cuando la gente presta mucha atención a una cosa, sufre ceguera por falta de atención, es decir, no se da cuenta de otras cosas, aunque sean evidentes.

Imagina que estás en un evento, como puede ser un partido de fútbol, y estás muy atento a lo que ocurre. Entonces entra en el campo una persona con un traje de gorila. Crees que te darías cuenta, ¿verdad? Por increíble que parezca el experimento del gorila demostró que ¡hay un cincuenta por ciento de probabilidades de que no veas al gran simio en absoluto! Está basado en un experimento de atención selectiva en el que los participantes observan a personas, la mitad con camisetas blancas y la otra mitad con camisetas negras, que lanzan una pelota. A los participantes se les encarga que contabilicen las veces que los de las camisetas blancas se pasan la pelota. A mitad del experimento, una persona vestida de gorila entra en medio del juego, se golpea el pecho y sale. Entonces se pregunta a los participantes si han visto al gorila. Más del cincuenta por ciento no lo ven. Y, lo que es peor, inmediatamente lo niegan y aseguran que lo habrían visto si realmente hubiera estado allí. No siempre podemos confiar en nuestros sentidos. ¡Yo no vi la cobra! Así que está claro que es un reto para nosotros saber lo que no sabemos.

¿Sigues creyendo que ver es creer? Pongamos otro ejemplo: la ceguera inducida por el movimiento. Es decir, que un objeto pequeño, rodeado de un patrón en movimiento, desaparezca de tu vista y reaparezca un par de segundos después. Esto sucede porque el cerebro tiende a descartar la información que considera inútil. En 1976 los psicólogos cognitivos Harry McGurk y John MacDonald encontraron anomalías visuales similares y descubrieron cómo lo que una persona oye está influenciado por lo que ve. Conforme al efecto McGurk, el cerebro puede confundir el observar el movimiento de la boca de alguien con oír los sonidos que esa persona está emitiendo realmente. En el experimento, se pidió a los participantes que vieran un vídeo de una persona diciendo «ba, ba, ba» con los ojos cerrados; en este caso, los participantes oyeron correctamente «ba, ba, ba». Luego, con el sonido apagado pero el vídeo reproduciéndose, algunos participantes vieron a la persona murmurando «ga, ga, ga». Luego, con el sonido y los efectos visuales reproduciéndose, algunos participantes afirmaron haber oído «da, da, da». La visión y la audición se influyen mutuamente. Nuestro órgano sensorial más importante, el cerebro, se esfuerza por combinar el sonido con lo visual, pero a veces tiene dificultades para interpretar la realidad. Tus sentidos no siempre son precisos. Hay cientos de experimentos que demuestran que ver no es creer. En 1889, el psicólogo alemán Franz Carl Müller-Lyer descubrió que, si dos líneas con puntas de flecha en sus extremos apuntan en direcciones distintas, verás dos líneas de distinto tamaño, aunque sean del mismo tamaño. La cosa no acaba ahí. Ni siquiera tu sentido del tacto o del gusto son precisos. El metal, al ser un conductor térmico, te resultará más frío o más caliente al tacto que un plato de papel, aunque tengan la misma temperatura; incluso el color de un plato puede alterar el sabor de tu comida y la cantidad que te gustaría comer. Por consiguiente, comprenderás que tu punto de vista no es tan fiable como crees. O tal vez has estado tanto tiempo leyendo que tienes una ceguera inducida por la lectura y no puedes verlo en absoluto —una ocurrencia para aquellos lectores cuyos ojos estén cansados.

Verdad relativa, verdad suprema

Tus sentidos construyen la realidad de una forma que no siempre refleja la verdad. Los budistas creemos que la realidad tiene dos verdades. Creemos que existe, por un lado, una verdad convencional y, por otro, la verdad de la conexión; o, se podría decir, una verdad relativa, que es cómo percibimos este mundo, y una verdad subyacente. La verdad relativa atañe a nuestro enfoque dualista, o variado, de los fenómenos, como tú mismo, los demás seres, los objetos, las emociones y los conceptos. La verdad absoluta es la realidad que trasciende este dualismo variable y que es la naturaleza que subyace a este mundo relativo. Estas dos verdades existen paralelamente. Por ejemplo, cuando observamos el océano, vemos olas. Una ola tiene principio, fin, tamaño y forma, y por tanto nos puede parecer sólida e independiente. Sin embargo, cuando analizamos detenidamente la ola, llegamos a la conclusión de que la causa de la ola es el inmenso océano. La ola, al estar hecha de océano, acabará diluyéndose de nuevo en el océano. Tanto la ola como el océano son verdades; una relativa y otra suprema, las dos son océano. Cuando se habla de la verdad suprema, se habla de la causa o el fundamento de algo. La verdad suprema es que hay cierta unicidad en todo, aunque tienda a pasar desapercibida.

Esta verdad subyacente nos da respuestas a las preguntas más profundas, como «¿Por qué esto es agua?» o «¿Por qué motivo uno es una persona?». Si te preguntara: «¿Por qué esto es agua?», ¡pensarías que me he vuelto completamente loco! Pero si realmente comprendes lo que es la verdad suprema, sabrás responder a esa pregunta. Desde la perspectiva de lo supremo, no hay agua, porque el agua está formada por una unidad polifacética. Como sucede en la física cuántica, los componentes básicos del agua pueden dividirse a su vez en partículas cada vez más pequeñas. Es un conjunto de partículas que puede descomponerse en hidrógeno y oxígeno, e incluso dividirse más aún en electrones, neutrones y protones, hasta que ya no quede agua. El agua existe ciertamente como una forma útil, una proyección mental y un concepto funcional, pero en realidad no es como tú crees que es. Se podría llegar a decir que el agua existe y no existe a la vez, pero resulta bastante confuso así que, en lugar de eso, limítate a disfrutar de tu vaso de agua refrescante, que a su vez tampoco es agua.

¿Te das cuenta de cómo esta verdad relativa aparente y esta verdad suprema tan profundamente considerada pueden ser útiles también en tu vida personal? Te conviene saber a qué tipo de problemas te enfrentarás si desconoces estas dos verdades y qué tipo de beneficios se derivan al vivir conociéndolas. Esto es sumamente importante; supón que no puedes reconocer ni comprender la verdad convencional y la verdad suprema. En ese caso, serás más propenso a sufrir mental y emocionalmente intensamente. Pongamos como ejemplo a una persona con mal genio. Al enfadarse, piensan que el blanco de su ira existe tal y como su percepción distorsionada lo concibe. Solo ven la aparente verdad. Si esa persona le dijo algo dañino a esta otra persona irascible e irritable, la ven como alguien que hace daño y nada más. No tienen en cuenta los diferentes factores que forman el panorama general; ni la verdad suprema que está detrás de ellos.

Causas y condiciones

La ira surge a raíz de muchos factores diferentes. ¿Estás cansado o sufres alergias estacionales? Tanto la fatiga como las alergias pueden hacer que estés especialmente sensible. La mayoría de las personas no tienen en cuenta todo ese tipo de factores. Cuando se sienten enfadadas, solo ven un único factor predominante y lo aíslan de los demás. Ese factor predominante eclipsa a los demás factores, con lo que la sensación de enfado es independiente, sólida y real. Por ejemplo, supongamos que alguien te dice algo hiriente. Hiere tus sentimientos, así que pones a esa persona en el punto de mira y solo te enfadas con ella, olvidando el resto de circunstancias que puedan haber influido en tu enfado. Desarrollas una ira *ciega* que te impide ver todos los factores que están en juego. No solo ocurre con la irritabilidad. En este mundo, independientemente de lo que hagas, has de tener en cuenta los muchos factores, causas y condiciones implicados en cada caso. Procura no centrarte en una única cuestión para hacerla responsable por sí misma de forma independiente. ¿Harías responsable solo a tu boca de comerte la bolsa de patatas fritas medio llena?

A decir verdad, las cosas ocurren porque hay otras cosas que contribuyen a que ocurran, dando lugar a un efecto. Como si se tratara de un efecto dominó, las acciones tienen reacciones. Puesto que esta es la verdad, esto significa que todo fenómeno se produce como reacción a una causa previa. Entonces, a su vez, el fenómeno condiciona los resultados que le siguen. Así pues, el efecto depende de las causas y las condiciones. Uno de mis libros favoritos es *El arte de la guerra*, de Sun Tzu. Es el tratado militar más antiguo que se conoce en el mundo. El capítulo uno comienza con el general militar Sun Tzu enumerando las condiciones necesarias para librar una batalla con éxito. Dice: «El arte de la guerra, pues, se rige por cinco factores constantes, que deben tenerse en cuenta en las deliberaciones, cuando se trata de determinar las condiciones que se dan en el campo de batalla. Son la ley moral, el cielo, la tierra, el comandante y el método y la disciplina». Esto demuestra que el general Tzu está pensando en los factores dependientes, es decir, en las condiciones necesarias para librar con éxito una guerra. Este principio de dependencia multifactorial desempeña un papel importante tanto en la guerra como en la construcción de la paz. Para construir la paz se necesitan condiciones como la verdad, la justicia y la misericordia.

La dependencia mutua

A medida que el mundo va estando cada vez más conectado gracias a la globalización, nuestra dependencia mutua se hace aún más visible. La pandemia de COVID-19 supuso el inicio de un problema global en la cadena de suministro que acentuó nuestra dependencia mundial. Un gran número de empresas cerraron sus puertas temporalmente en el punto álgido de la pandemia. Esta, entre otras estrategias de mitigación del COVID-19, dio lugar a una fuerte caída en la producción y el suministro de bienes; la economía al completo se vio comprometida, desde la fabricación hasta el transporte marítimo. Cuando todos volvimos a estar en disposición de gastar y las empresas empezaron a retomar su actividad con normalidad, la industria de bienes se transformó en respuesta a una demanda menor. La escasez mundial se convirtió en algo habitual y las subidas de precios fueron inevitables. Con el paso de los años, los países de todo el mundo han ido desarrollando una clara dependencia económica de múltiples factores entre sí. Si un país tiene dificultades, todos las tenemos, y el resto ya lo conoces: cuando las partes dejan de contribuir al todo, el papel higiénico desaparece de las estanterías.

Todo depende de todo, y las partes dependen del todo. Cuando la energía y las partículas cooperan, los individuos se asocian entre sí y las naciones a su vez también cooperan, esta interacción colectiva desemboca en el surgimiento de algo que es más extraordinario que la suma de las piezas por separado. A esto se le llama emergencia. Una propiedad emergente demuestra el poder de la interdependencia, de las partes y de los componentes que se unen. ¿Qué ocurriría si fueras un ser totalmente solitario? Si lo piensas, tu existencia depende de lo que está fuera de ti. Tú no eres solo tú, ¡también eres el todo! Teniendo esto en cuenta, nuestro sufrimiento y nuestra alegría constituyen un auténtico trabajo en equipo.

Estamos todos juntos en esto, y cada uno es igual de importante que el otro —nadie está por encima ni por debajo, ni es mejor ni peor. Piensa en un ordenador. Para que un ordenador funcione, necesita muchas piezas diferentes pero esenciales. Necesita tornillos, cables de alimentación, cables de datos, una placa base, una pantalla, un teclado, etcétera. Todos ellos son componentes. Cuando juntas todas estas piezas, surge algo que es diferente y más potente. Cada pieza se convierte en parte de un dispositivo tecnológico increíble que puede realizar tareas extraordinarias que los componentes por sí solos son incapaces de hacer. El todo es mayor que la suma de las piezas.

Vamos a analizar en detalle un libro de bolsillo común. Al analizar un libro, puedes distinguir que está formado por páginas, y sabes que estas páginas están hechas de papel, que procede de los árboles. También sabemos que el libro tiene palabras impresas en tinta, así como el pegamento o hilo que mantiene unidas las páginas. También hay personas como el autor y todos los que lo han formado, el editor y el maquetista, el encargado de la impresión, el conductor del camión... ¡Ah! ¡Y la lista no acaba aquí! Este libro surgió a partir de la suma de diversos factores, o lo que se puede definir como causas y condiciones. Es fácil comprender que todo es el resultado de un conjunto de causas y condiciones cuando consideras lo que forma parte de un libro. Cuando ves el panorama con perspectiva, comprendes que algo tan importante como alcanzar la felicidad y acabar con el sufrimiento depende de algo más que de ti mismo.

Trata de pensar en algo en particular que te haga feliz por sí solo. ¿Es la pareja o la riqueza? Quiero que sepas que depender de una sola cosa para no sufrir y ser feliz es un grave error. Muchas personas, por ejemplo, consideran que llevan toda la vida centradas en la idea de ganar dinero. Están convencidas de que el dinero hará desaparecer sus penurias. Sin embargo, para ser verdaderamente feliz, debes comprender los distintos factores que contribuyen, por una parte, a que tu vida sea de una determinada manera y, por otra, a que dependas del mundo que te rodea. La vida que vives está íntimamente entrelazada con todos y con todo. Tu alegría depende de la alegría de los demás, y viceversa. Debes saber que eres inequívoca, indiscutible e indudablemente —utilizando la analogía del ordenador— una pieza que trabaja junto con otros componentes para crear algo asombroso. Consciente de esto, posees el preciado y valioso conocimiento que puede guiarte hacia la liberación.

Ahora que entiendes cómo existen las cosas en realidad, puedes esforzarte para poner fin al sufrimiento que sientes. Tienes la llave de la puerta que comunica con la realidad, con la verdad. Como la comprendes, como es natural, puedes abrir la puerta y entrar. No obstante, una vez dentro, no basta con limitarse a saber solo en teoría que todos existimos de forma interdependiente; es un conocimiento que está vivo. Solo funciona si lo aplicas a tu vida. Involúcrate en una práctica que te ayude a indagar en los muchos factores que contribuyen a las soluciones reales. Un enfoque integral tiene en cuenta a los demás; ¡usa la sabiduría que atesora tu mente y la bondad de tu corazón! Ya has abierto la puerta a la verdad. Posees el valiosísimo conocimiento sobre la verdad de nuestra interdependencia, la perspicacia que ve las cosas con perspectiva.

Reflexión

Todos los años, en algún lugar escondido del bosque, los árboles más viejos de una antigua arboleda discutían sobre asuntos arbóreos. Uno de los árboles comentó que los animales de su bosque eran cada vez más molestos: «¡Molestan a nuestras raíces, arrancan nuestras hojas, rompen nuestras ramas, arañan nuestra corteza y dejan tras de sí residuos que huelen fatal!».

Muchos de los árboles pensaban lo mismo. Toda la arboleda acordó buscar una forma de librarse de estos animales tan molestos. Mientras discutían estas ideas, un enorme gato salvaje se valió del irritable árbol como si fuera un poste donde arañar. En respuesta a su ataque, el árbol se dobló de lado a lado, provocando un fuerte crujido que ahuyentó al gato. La eficacia de este método asombró a todos los árboles, así que todo el bosque decidió hacer lo mismo. Cada vez que aparecía un animal, los árboles se balanceaban y crujían para ahuyentarlo. Pasaron semanas y, al poco tiempo, toda la arboleda se libró de los animales. «¡Por fin!», exclamaron. «¡Podemos vivir en paz!»

Como la arboleda ya no tenía plagas, ¡los árboles pensaron que sus problemas se habían resuelto! Sin embargo, entonces los árboles más viejos oyeron un alboroto que nunca antes habían oído. Una manada enorme de curiosos animales estaba invadiendo su arboleda. Aquellos extraños animales no sonaban tan melodiosamente como los pájaros, ni estaban tan unidos como una manada de lobos, ni eran tan sigilosos como los gatos salvajes. Un viejo árbol oyó gritar a uno de ellos: «¡Madera!». Dondequiera que fuesen estos leñadores producían un fuerte estruendo seguido de un golpe que sacudía la tierra. No tenían piedad ni se dejaban intimidar por el vaivén de las ramas. Sin gatos salvajes que ahuyentaran a los hombres, los árboles lamentaron haberse librado de los animales, y se dieron cuenta de lo mucho que dependían de las fastidiosas bestias del bosque.

En las tradiciones budistas, la vacuidad es un concepto clave y estrechamente relacionado con la interdependencia. La vacuidad de las cosas se refiere a la comprensión de que todo en tu mundo está compuesto y carece de una existencia sólida. Se trata de una verdad absoluta. Esto no supone que las cosas no existan del todo; las cosas distintivas sí parecen existir como fenómenos individuales, pero solo en función de su relación con otras cosas o de su dependencia de ellas. Las dos verdades parecen opuestas y separadas, pero en realidad no son más que dos aspectos de una misma realidad. Esto sencillamente significa que las cosas no existen tal y como tú las percibes. Lo ideal es tener en cuenta ambas perspectivas de la realidad; es importante que el hecho de que parezca que estamos separados no empañe nuestra unidad. Como los árboles de la arboleda ancestral, no tienes una naturaleza propia independiente e irreductible. Compartes cualidades con tu civilización y tu cultura, que son un conjunto de multitud de factores históricos. Es más, estás en relación con todos y con todo, y todos y todo dependen de otra cosa para existir. Todo lo que haces influye en otras vidas, y viceversa. Dentro de tu experiencia construida, los acontecimientos que conforman tu vida derivan de múltiples causas y condiciones. Puedes diseccionar lo que sea en los distintos componentes que lo forman. Mediante el análisis y la introspección minuciosa de sus partes integrantes, podrás ver los patrones que han dado forma a tu mundo. Descubrir la realidad de cómo son las cosas es fundamental para el desarrollo de la sabiduría y la compasión.

El título Rinpoche se utiliza a veces para referirse a un maestro influyente en la tradición tibetana. El término significa «joya preciosa», y suele implicar que el maestro es un *tulku*, una reencarnación reconocida de un destacado maestro. Como Rinpoche, desempeñas el mismo trabajo espiritual vida tras vida. Los Rinpoches se entrenan desde la infancia para ayudar a los demás. Pasas tus primeros años asistiendo a clases relacionadas con el estudio, la práctica y los rituales budistas. Una vez que has completado tu formación, asumes las responsabilidades de tus encarnaciones anteriores. Esto conlleva asumir la tarea de ayudar a los que sufren.

Se me reconoce como Rinpoche. No obstante, este reconocimiento depende de muchos factores, causas y condiciones. Era un niño pequeño cuando el grupo de búsqueda me reconoció como Rinpoche. Necesitaba aprender qué significaba la palabra. Poco a poco, como la gente que me rodeaba me decía que, al ser Rinpoche, era una persona particular, elaboré todo tipo de conceptos diferentes en relación con esta etiqueta. Me consideraba un individuo especial, importante, único, distinto. Con el tiempo, empecé a pensar que eso era cierto. Pero cuando intenté buscar a este Rinpoche, preguntándome: «¿Dónde está? ¿Qué es?», vi que no había forma de encontrarlo. No era algo que tuviera desde el momento en que nací; tan solo me convertí en Rinpoche cuando aparecieron algunas personas y me concedieron ese título junto con la responsabilidad de prestar un servicio espiritual a los demás.

Ser Rinpoche es algo que depende de muchas cosas diferentes. En ese sentido, tú eres como yo. Date tiempo para reflexionar sobre todos los factores condicionados que han conformado tu identidad y luego medita sobre la vacuidad del concepto que tienes de ti mismo. Analiza cómo te han condicionado a lo largo de tu vida para verte de una determinada manera y cómo te has etiquetado como «yo» a partir de esos atributos concretos. Reflexiona brevemente sobre la formación de tu identidad personal, desde tu primer recuerdo hasta ahora. Intenta luego encontrar a ese «yo» dentro de ti. Intenta encontrarlo en tu forma física. ¿Está en tu cuerpo? ¿En qué parte? A continuación, trata de encontrar el «yo» en tu percepción sensorial. ¿Está en lo que sientes, oyes, ves, hueles o saboreas? Después, analiza si el «yo» está en la percepción de lo que adviertes o reconoces. ¿Estás en los objetos que percibes? A continuación, valora si el «yo» está en el seno de tus formaciones mentales, como tus pensamientos, creencias o reacciones. ¿Estás «tú» en tus pensamientos, como una entidad sólida? Por último, reflexiona sobre si el «yo» está en tu conciencia consciente. ¿Está el «yo» presente en la conciencia de que existes? Pregúntate: si el «yo» no está ahí, ¿dónde podría estar? No pasa nada por sentir miedo o confusión en un primer momento en caso de que no te encuentres a ti mismo. Comprender tu vacío te puede parecer algo parecido a perder un objeto muy preciado. Sin embargo, una vez que comprendas plenamente la sabiduría de la vacuidad junto con su opuesto, la verdad relativa, podrás alcanzar el equilibrio espiritual y así encontrar la verdadera ecuanimidad.

7

Transformar arena en perlas

Cuando llevas la verdad contigo, ¡el mundo es tu ostra! No cualquier molusco, sino un hogar para perlas preciosas. Has atravesado la puerta de la realidad para experimentar lo que ofrece este fantástico mundo de perspicacia. Aun así, consideras que nadie tiene derecho a la felicidad, sino que más bien esta se desarrolla mediante la integración de la práctica en tu vida y el cambio positivo que ello conlleva. La auténtica práctica del entrenamiento mental no es pasiva, sino algo que se cultiva mentalmente para que seas capaz de aplicarlo a los obstáculos a los que te enfrentas en la vida cotidiana. Al igual que la ostra crea una perla ante la irritación de la arena. Cabe mencionar que hay muchas prácticas espirituales que tienen un objetivo similar. Por ejemplo, algunas tradiciones budistas utilizan cánticos o prácticas devocionales con esta finalidad. No obstante, el tipo de entrenamiento que yo te pido que hagas, tanto al final de cada uno de estos capítulos como al final del libro, son prácticas contemplativas. Las prácticas contemplativas han estado en el centro de muchas tradiciones filosóficas, humanísticas y religiosas desde la antigüedad. Las tradiciones cristiana, judía, hindú, musulmana, pagana y otras han desarrollado prácticas contemplativas. También existen algunas prácticas contemplativas no religiosas en el marco del movimiento de la atención plena, que buscan primordialmente serenarte. Las prácticas de entrenamiento mental que aquí se te propondrán no exigen que seas religioso, ni se limitan a estar tranquilo o a combatir el estrés. Aunque sean una versión de la práctica básica de entrenamiento mental que se encuentra en todos los linajes del budismo tibetano, su intención en este caso es que sean laicas. Están pensadas para todo aquel que quiera dejar de sufrir y tener una felicidad sólida y duradera. Lo logras encaminando tu mente y tu corazón hacia lo que es sano. No obstante, antes de entrenar tu mente, debes confiar en tu capacidad para estar atento a los obstáculos de la práctica. Aprovéchalos como la ostra utiliza la arenilla para formar perlas. Para conseguir lo que te propongas, es vital crear un ambiente adecuado para la práctica mediante la paciencia, la perseverancia y la determinación para mantener el rumbo.

El obstáculo externo

Todos tenemos obstáculos que superar si queremos conseguir algo, pero es fundamental que veas que los obstáculos no te bloquean el camino, sino que te marcan uno mejor. Para la práctica real del entrenamiento mental, debes utilizar tus obstáculos como medio para practicar. Si lo miras desde ese punto de vista, los obstáculos son útiles. Hay tres tipos de obstáculos con los que estoy seguro de que muchos de nosotros podemos practicar. El primero es el obstáculo externo. Se trata de obstáculos que aparentemente se manifiestan fuera de nosotros como, por ejemplo, un *smartphone*. Un obstáculo externo puede ser algo tan simple como mirar continuamente las redes sociales en el teléfono o darte un atracón viendo tu serie favorita en lugar de comprometerte a utilizar tu tiempo de forma constructiva. En este caso, tu práctica está pulsando el botón de apagado.

Hay obstáculos que no tienen botón de apagado. La escuela, la familia, los amigos o tu lugar de trabajo tienen un botón de apagado. Tengo una alumna, por ejemplo, que es diseñadora de moda y se relaciona con modelos y otros profesionales de la industria de la moda. Para ella representa un gran reto incorporar el entrenamiento mental a su entorno laboral, donde las expectativas son que vista a la moda y se comporte de forma elegante, no prudente. Aunque la moda puede ser una expresión creativa, la industria promueve sistemáticamente un estilo de vida GASEOSO que motiva a la gente a criticar y juzgar la apariencia de los demás. Este tipo de comparación es un impedimento para encontrar la verdadera felicidad. Comparar divide y te incita a centrar tu atención en lo externo. Entonces, dedicas tu tiempo a ver en qué medida tu apariencia y tu estatus social están a la altura de la competencia. ¿Cómo te sentirías si te compraras un conjunto nuevo y te lo pusieras durante tres días seguidos? ¿Te sentirías incómodo llevándolo más de una vez? Es probable que no te pongas varias veces la misma ropa por temor a ser juzgado con dureza. La razón es que hay una presión social por ir bien vestido. Según un estudio realizado por la Universidad de Princeton, las personas toman decisiones en fracciones de segundo sobre las competencias de una persona basándose únicamente en lo que lleva puesto. Los que llevaban ropa más cara se consideraban más competentes que los que vestían «peor». Me pregunto cuál sería el grado de competencia de un monje o una monja. Los monjes budistas no tenemos elección; debemos afeitarnos la cabeza y llevar la misma ropa modesta día tras día. Un monje o monja budista opta por llevar un estilo de vida sencillo. Cuando nos afeitamos la cabeza y llevamos ropa sencilla, seguimos los pasos de Buda y manifestamos nuestro compromiso en la búsqueda de la iluminación y la ayuda a los demás. Es un símbolo de renuncia al apego mundano que aleja a la gente de la verdadera felicidad. Nos sentimos bien haciéndolo. De hecho ¡nunca vamos mal peinados!

Si no perteneces a ningún monasterio, te sentirás presionado a llevar algo nuevo y diferente a lo que llevabas el día anterior. Puede que esto cobre más importancia en las sociedades altamente competitivas. Este tipo de obstáculo externo es algo de lo que debes ser consciente y que debes trabajar. Lo ideal es que encuentres personas que apoyen tu crecimiento y transformación interiores. En caso contrario, hace falta que creas en ti mismo con toda seguridad para hacer frente a este obstáculo. Sea como sea, vencer tu fijación con lo que es externo y, en lugar de ello, desviar tu atención hacia dentro, para así generar autoconocimiento y fuerza interior, es algo que debes practicar para ser verdaderamente feliz.

El obstáculo interno

El lado positivo es que todos los obstáculos brindan una excelente oportunidad de superación personal. Al final de este capítulo conocerás algunas prácticas para superar obstáculos que podrás utilizar. De momento, vamos a centrarnos en el segundo obstáculo: el obstáculo interno. Los obstáculos internos se producen cuando te sientes mal a nivel físico. Cuando luchas con asuntos relacionados con la salud y el bienestar, las sensaciones de malestar pueden suponer una distracción en el entrenamiento de tu mente. Cuando te encuentres con este obstáculo, es esencial que evalúes si estás llevando un estilo de vida que fomente el bienestar. Si no es así, ten compasión hacia ti mismo y dedícate a cuidarte. Además, cuando entrenes tu mente, practica respetando tus límites físicos. Si sigues siendo incapaz de trabajar con tus obstáculos internos o de practicar de forma adecuada, busca un maestro o un médico cualificado, dependiendo de tu circunstancia.

Una vez, por ejemplo, había una persona que tenía un obstáculo interno de este tipo, pero aun así deseaba aprender la práctica del entrenamiento mental, así que acudió a un maestro especializado en entrenamiento de la mente. A pesar de su intención de practicar, su agotamiento siempre se interponía en su camino. Tras evaluar la situación, resultó que les gustaba comer mucho antes de comenzar la práctica del entrenamiento mental. Como su cuerpo gastaba tanta energía digiriendo la comida, tenía dificultades para concentrarse en las enseñanzas, en las prácticas o en cualquier otra cosa. El maestro entendió el dilema de aquella persona y se limitó a decirle: «La persona que no come ni pesado ni ligero entrenará estupendamente y será la más feliz». Gracias a esta enseñanza, el alumno se dio cuenta del valor de la moderación. Cuando te propones hacer este tipo de entrenamiento, te será de gran utilidad llevar un estilo de vida equilibrado. Si padeces un problema de salud que no está relacionado con el equilibrio, como un cáncer o una discapacidad, la práctica del entrenamiento mental siempre puede adaptarse, independientemente de lo que te aqueje. Lo importante es respetar tus limitaciones, pero no renunciar a tu práctica.

El obstáculo secreto

El último obstáculo se denomina obstáculo secreto. Los obstáculos secretos son más bien hábitos negativos que están profundamente arraigados y quizá pasen desapercibidos para nosotros, como la procrastinación. La procrastinación es uno de los peores y más insidiosos obstáculos de todos. La raíz latina de este término es *procastinatus*, donde pro significa «adelante» y *crastinus* significa «mañana». Dejas para mañana lo que podrías hacer hoy. Hay muchos factores que contribuyen a desarrollar este mal hábito, pero todo se reduce al apego. Es posible que sientas apego por tu sofá y seas un adicto a él. Si es así, puedes ponerte a practicar allí donde te hayas plantado. Puede que sientas apego por un resultado perfecto, por lo que ni siquiera lo intentas. Puede que estés apegado a los placeres efímeros, así que pospones aquello que es menos placentero. Puede que estés apegado a buscar la alegría, y no tengas tiempo porque corres de una cosa a otra buscando satisfacción. Puede que tengas apego hacia lo seguro, así que dejas para mañana aquello a lo que temes. ¿Acaso ese mañana llega alguna vez?

Un sencillo ejemplo de lo que supone el apego lo encontramos en el cuento del elefante miedoso. Érase una vez una cría de elefante blanco que vivía libre y feliz en el bosque. Un día pasó por allí un rey y no pudo resistirse a capturar a tan singular y asombroso animal. El rey ordenó que encerraran al elefante en un corral y lo pincharan hasta destrozarlo y dejarlo listo para montar. El ruido de aquellos pinchazos aterrorizó tanto al tímido y manso elefante que destrozó el corral muerto de miedo y huyó hacia el bosque. Los hombres del rey no pudieron encontrar al elefante, pero eso no impidió que el menor ruido lo aterrara. El crujido de una hoja, el sonido del viento y hasta el más mínimo repiqueteo de un escarabajo sembraron el pánico en el elefante durante semanas. Al ver esto, una lechuza sintió compasión y se decidió a ayudar. Se acercó volando y dijo: «Por favor, no tengas miedo, solo soy un pajarillo que no quiere hacerte daño. No debes temerme a mí, ni a los árboles, ni al viento, ni a los escarabajos. Tú eres el animal más grande que existe en kilómetros a la redonda. Los hombres del rey no están aquí, pero el miedo que tú te creaste sí lo está, y te controla. Puedes acabar con tu apego malsano hacia lo seguro, pero has de entrenar tu mente para desafiar tus miedos». El elefante le agradeció a la lechuza sus palabras y a partir de aquel día se esforzó por controlar sus miedos. Cada vez que oía algún ruido, se recordaba a sí mismo que no debía tener miedo. Dejó de huir para ponerse a salvo y, en su lugar, se limitó a averiguar de dónde procedía el ruido. Con el tiempo, venció su miedo.

Para romper con tus hábitos poco saludables y desarrollar la continuidad en tu práctica, empieza por comprender la causa de tu obstáculo. Puedes empezar con una simple pregunta que te ayude a ver en qué punto te estás atascando. Y tú, ¿a qué sientes apego?

Romper con los hábitos

Hay un cómic que trata sobre un niño muy imaginativo llamado Calvin y su mejor amigo Hobbes, un tigre de juguete. El niño imagina que su tigre de peluche es real. En uno de los cómics, el niño y sus padres pasan todo el día fuera. No hay nadie que pueda alimentar a su voraz tigre a la hora de siempre. Como está tan apegado a sí mismo, el niño empieza a pensar en lo que pasará al llegar a casa. Supone: «Si mis padres entran primero, no me pasará nada, pero si entro yo primero en casa, mi tigre hambriento se abalanzará sobre mí y me devorará». Le conté esta historia a un joven alumno que estudiaba en Sera Jey y que tenía apego a la merienda, algo parecido al tigre imaginario. Le enseñé el cómic y le pregunté: «¿Alguna vez te han dado muchísimas ganas de comer?». Me dijo que sí, así que le pregunté con qué tipo de alimentos soñaba despierto. Me respondió que soñaba despierto con comer muchos tipos de exquisitos tentempiés. Así es como funciona la mente de cada uno: si piensas en algo y luego lo haces repetidamente, el subconsciente te llevará a pensar en ello y a hacerlo repetidamente.

Lo mismo sucede con la práctica del entrenamiento mental. Si sigues practicando, acaba convirtiéndose en un hábito saludable. Por eso, debes desarrollar el hábito de encauzar tu mente hacia lo que es sano para fortalecerla. La práctica del entrenamiento mental no se reduce a sentarse en silencio con la mente en blanco. El entrenamiento mental consiste en superar obstáculos, cultivar hábitos mentales saludables y entrenar la fuerza emocional, todo lo cual conduce a alcanzar estados mentales positivos. En la práctica del entrenamiento mental, lo importante es no desarrollar el hábito de la evitación. Para impedirlo, puede que consideres que necesitas practicar muy poco a poco, pero no te rindas. Al final de este libro hay una serie de prácticas de entrenamiento mental; comprométete a seguirlas durante un mes seguido en firme. Si el entrenamiento va bien, sigue con él. No dejes que se interpongan los tres obstáculos en tu camino hacia una vida que será beneficiosa tanto para los demás como para ti mismo.

Construir tu resistencia

Para entrenar tu mente se necesita resistencia. La mayoría de nosotros queremos resultados inmediatos en lugar de trabajo duro. Esta práctica es como entrenarse para un maratón. Primero corres un kilómetro y medio, luego vas aumentando gradualmente tu resistencia hasta alcanzar los veintiséis kilómetros. Además, tienes que ser constante con tu entrenamiento. De ese modo, cuando llegue el momento de correr los veintiséis kilómetros, no te cagarás de miedo. Debemos tener algo de sentido común y no pretender resultados inmediatos. El afán por buscar atajos fomenta la impaciencia. Y lo que es más importante, al buscar un atajo se merma la capacidad que tenemos para trabajar duro. La realidad es que vivimos en un mundo de «ahorradores de tiempo». En el siglo XXI, todo se ha vuelto instantáneo y rápido: los fideos instantáneos, la avena instantánea, las comidas precocinadas congeladas, el café rápido, la comida rápida, todo es rápido e instantáneo. Sin embargo, no hay ninguna perla que sea instantánea. Si quieres las perlas de la felicidad, debes ser paciente y cultivar tu resistencia.

Paciencia

La resistencia implica, en parte, ser capaz de soportar dificultades y sufrimientos. Hay quienes se rinden ante el menor de los sufrimientos. En cuanto se enfrentan a algún problema, quieren tirar la toalla. Esto sucede precisamente porque tienen la idea equivocada de que el mundo es un lugar feliz e impecable, pero esto no es el cielo. Si fuera el cielo, ir al dentista no sería una experiencia tan dolorosa, y habría un suministro inagotable de papel higiénico. No, ¡la vida es más bien una aventura! Aun así, en cuanto te encuentras con algún pequeño problema, te resulta tan difícil de soportar que pierdes la esperanza y dejas de practicar. No te detengas. Acepta que hay mucho sufrimiento y dificultades en el mundo y busca la serenidad mediante la perseverancia en tus esfuerzos por forjar una mentalidad positiva. Adopta una actitud que evite los problemas y no rehúyas nunca las dificultades. Aprovecha tu práctica para afrontar los problemas que surjan de la mejor manera posible. Cuando estás mentalmente dispuesto a afrontar los retos y utilizas tus prácticas de entrenamiento mental, el sufrimiento que experimentas flaquea. Por eso es necesario hacer frente voluntariamente a los obstáculos y asumir las dificultades. Los desafíos inevitables de la vida te ofrecen la oportunidad de utilizar tus habilidades de entrenamiento mental y afianzar tu determinación. Basta con desarrollar la resistencia y la constancia en tu práctica; no necesitas centrarte en los resultados.

Por otra parte, puedes poner tus expectativas por las nubes, lo cual puede llevarte a la impaciencia y a la renuncia. Sé paciente con tu entrenamiento. Debes ser como una tortuga: lento y constante. Si quieres resultados, tienes que trabajar duro. Sé paciente y cambia el enfoque de las altas expectativas por el de remangarte.

Pon a prueba tu deseo por alcanzar resultados rápidos, ese impulso tuyo de querer perlas de inmediato. Supongamos, por ejemplo, que entras en una librería. Ves un libro titulado *Cómo hacerse rico de la noche a la mañana*, y otro titulado *Cómo hacerse rico en diez años*. ¿Qué libro elegirías? ¡Yo, por mi parte, elegiría el libro que promete hacerse rico en una noche! Como todo el mundo, mi mente es impulsiva y egoísta por naturaleza. Esta es una de las razones por las que la gente juega a la lotería, aunque las posibilidades de ganar no estén a tu favor. J. P. Morgan, profesor de Estadística en Virginia Tech, nos presenta un ejemplo para aclararnos cuáles son las probabilidades de que alguien gane el premio gordo de Mega Millions. Supongamos que tardas un minuto en rellenar un formulario de participación en Mega Millions y pagarlo. Si lo haces a cada minuto, sin parar, tardarías 575 años en introducir todas las combinaciones posibles. Ahora, piensa en la probabilidad de que te salga la combinación ganadora. A sabiendas de que hay una probabilidad minúscula de hacerse rico de la noche a la mañana, mucha gente corre igualmente el riesgo. Por suerte, una buena parte del dinero que la gente gasta en décimos de lotería se destina a apoyar causas nobles, como organismos de apoyo a la tercera edad, refugios para personas sin hogar y escuelas públicas. No obstante, si lo que te interesa es lucrarte, es preferible que sigas el camino tradicional y ahorres dinero. ¿Quién sabe la fortuna que podrías amasar? No lo olvides nunca y espera obtener resultados similares de tu práctica. Toma contacto con la realidad y practica por grados. Los frutos de la práctica no se alcanzan de la noche a la mañana, sino con el tiempo. Si vuelcas paciencia y perseverancia en tu práctica, ¿quién puede imaginarse todo el conocimiento que puedes atesorar?

Yo conocí el valor de la paciencia muy pronto. Siendo un joven monje, le pregunté a mi superior: «¿Cuánto tardará una persona en dominar esta práctica?». Él me respondió: «Cualquiera puede tardar un millón de años en dominarla». Asombrado y desconcertado por la cantidad de tiempo que llevaría, pensé: «¡Bueno, pues esto no es lo mío! Me va a llevar demasiado tiempo». Hoy sé que mi superior intentaba darme una lección de paciencia. Cuando eres capaz de ser paciente y trabajar duro, los resultados te llegan de forma natural. Estoy enormemente agradecido por haberme animado. Qué gran ventaja es contar con el apoyo de personas que piensan como tú.

La compañía que tengas contribuirá a cultivar la paciencia o la entorpecerá. Si estás rodeado de gente impaciente que quiere resultados rápidos sin esforzarse, se te pegará. Por el contrario, si valoras un entorno de apoyo y te rodeas de otras personas que respetan el esfuerzo, te ayudarán a alimentar tu resistencia. Si no consigues rodearte de personas que piensen como tú, tendrás que confiar en tu propia fuerza de voluntad. Por eso tienes que sembrar una confianza firme y poderosa en ti mismo, cosa que puede suponer un gran reto. Tal vez hayas sospechado de tu capacidad para hacer frente a las dificultades, o tal vez sientas ansiedad ante la vida, e incluso desconfíes de tu brújula interior. Entrenar tu mente reforzará la confianza en ti mismo.

Como el que prepara una deliciosa tetera

Desarrollar la capacidad de alivio personal mediante el entrenamiento mental es como desarrollar la habilidad de preparar una deliciosa tetera desde cero. Primero debes generar la motivación; debes sentir el deseo de disfrutar de una deliciosa taza de té. Tener deseo resulta muy hábil en estas circunstancias, siempre que lo dirijas hacia algo positivo. Así te sentirás motivado. A continuación, genera ese pensamiento afirmando que eres capaz de aprender a preparar un té estupendo. Aunque no lo creas a pies juntillas, al menos debes generar pensamientos alentadores diciéndote a ti mismo que eres capaz. Cuando te sientas dispuesto a iniciar el proceso, hierve el agua, dosifica la cantidad de hojas de té, déjalas en infusión durante el tiempo que consideres oportuno y, a continuación, viértelas en el recipiente adecuado. El siguiente paso es muy importante: no tengas apego a los resultados. Si el té sabe mal, resiste el desánimo y analiza cualquier error que hayas cometido, luego vuelve a plantear tu método. Prueba a hacerlo a otra temperatura o cambia la cantidad de té que utilizas. Sigue probando hasta que consigas el resultado adecuado. Lo que estás formando es el conocimiento necesario para preparar un té delicioso. Es fundamental que analices los resultados para que puedas corregir cualquier error, hacer mejores tandas y entusiasmarte con las mejoras futuras. El proceso de mejora personal es similar. Primero sientes el deseo de mejorar, luego desarrollas el autoconocimiento. Generar autoconocimiento comienza por utilizar ingredientes tales como el valioso conocimiento de la verdad, la naturaleza de tu mente y los métodos para entrenarla. A medida que practiques el entrenamiento mental, observarás cómo funciona la mente y qué se necesita para mejorar, entre otras cosas. Conforme avances en el procedimiento de entrenamiento mental, si consideras que tu mente no progresa, analiza qué puedes estar haciendo mal y, a continuación, reformula tu método. ¡No te rindas! No te apegues al resultado. Al igual que has de ser consciente de los distintos ingredientes y procesos para preparar un té delicioso, también has de ser plenamente consciente de tus pensamientos, palabras y acciones con el fin de encontrar pistas sobre lo que es necesario transformar para desarrollar cualidades beneficiosas.

Tú eres tu propio maestro y tu propio alumno en la escuela de la vida. Si sigues el método del té delicioso para entrenar tu mente, madurarás como persona y fomentarás la solidez en la fe que infunden tus pensamientos y tu comportamiento. Ninguna práctica traerá aparejados los resultados esperados a menos que la lleves a cabo con el estado de ánimo adecuado: una mente abierta e interesada en mejorar. Esa apertura es un tipo maravilloso de magia que está a disposición de cada uno de nosotros. Cuando estás realmente dispuesto a cambiar aquello en lo que se centra tu mente, es posible que adoptes una visión saludable de la vida de forma satisfactoria. A decir verdad, todo el mundo tiene la capacidad de vivir bien. Hacer cambios en tu vida depende de la esperanza, del deseo sincero de superación personal. Necesitas esperanza y la determinación que esta conlleva porque, en esencia, solo tú puedes ayudarte a ti mismo. Tú eres tu propio héroe, así que afronta tus problemas con valentía. Sé consciente de tus problemas; así podrás identificar con precisión sus causas y solucionarlos.

Cuando surjan dificultades en el entrenamiento mental, analiza la naturaleza del problema y luego identifica su causa. Si te paras a pensarlo, es más que probable que hayas estado reaccionando a los desafíos a base de quejas y protestas, en lugar de decidirte a afrontarlos con decisión. Tal reactividad no te es útil, pero como tu mente ha estado luchando con la negatividad durante tanto tiempo, utilizar el entrenamiento mental para forzarla de repente en otra dirección es sumamente difícil. Por ejemplo, supongamos que una persona se dirige a un profesor y le pide que le ayude con una buena práctica. El profesor le dice: «La práctica es muy fácil. Lo único que tienes que hacer es sentarte, cerrar los ojos y concentrarte en el valor de la compasión. Ahora bien, hagas lo que hagas, ¡no pienses en un mono!». Tu primera respuesta es:

«¡Ah, ¡qué fácil!», y te vas a casa a practicar. Una vez en casa, te sientas cómodamente y vuelcas la atención de la mente en el valor de la compasión. Durante un minuto o dos va muy bien, pero luego tu mente cambia rápidamente a los pensamientos sobre el mono. Al cabo de unos instantes, ¡solo puedes pensar en el mono! ¿Dónde ha ido a parar tu concentración en la compasión?

Esto es como el famoso experimento de supresión de pensamientos del psicólogo social Daniel Wegner. Este pidió a los sujetos que verbalizaran su flujo de conciencia durante cinco minutos. Después, se les pidió que no pensaran en un oso blanco. Si lo hacían, tendrían que tocar una campana. Ni que decir tiene que hicieron sonar la campana con mucha frecuencia. Estos sujetos fueron incapaces de suprimir el pensamiento del oso blanco. Al otro grupo de participantes se le explicó que no pasaba nada si pensaban en un oso blanco, y no hicieron sonar la campana con la misma frecuencia. Así de problemática puede llegar a ser tu mente. Practicar puede ser un reto; por eso debes ser paciente contigo mismo. De lo contrario, podrías limitarte a perder el tiempo suprimiendo pensamientos. Entrenar tu mente no es suprimir pensamientos, sino fortalecerlos. Es optar por prestar atención a lo que es verdadero y saludable. Aprendes a ser consciente de cuestiones como la compasión y, al mismo tiempo, a desprenderte de pensamientos inútiles sobre monos u osos. Esta actitud es importante porque te ayuda a construir la confianza en ti mismo, así como una mente sabia y un corazón bondadoso, indispensables para vivir feliz.

La felicidad verdadera viene de dentro

Ahora que has llegado hasta aquí, ya lo sabes: nada es permanente; el GAS es un gran problema; la esperanza es esencial; estamos juntos en esto; y nada es lo que parece. Necesitas superar obstáculos para entrenar tu mente, creer en tus capacidades y desplegar tu paciencia y determinación.

Pero todas estas palabras no sirven de nada si no las pones en práctica. Estas palabras forman parte de un conocimiento vivo y una práctica viva —¡esenciales para vivir una vida feliz! Es habitual que la gente busque la felicidad fuera de sí misma, escuchando música, viendo películas, navegando por Internet y desplazándose por las redes sociales. No obstante, por mi experiencia, el tipo de felicidad que aportan el autoconocimiento y el entrenamiento mental está muy por encima. Nunca he utilizado un *smartphone*, y mis gastos diarios son mínimos, ¡pero soy muy feliz!

Encontrar la felicidad puede ser complicado en la era digital. Cuando era profesor en la universidad, me encontraba con estudiantes que vivían pegados a sus dispositivos. La Universidad Monástica de Sera Jey, por ejemplo, forma parte de un programa de intercambio de estudiantes con una universidad privada estadounidense. Mientras organizábamos el plan de estudios, una de las profesoras estadounidenses que ayudó a organizar el intercambio hizo hincapié en que sus estudiantes serían relativamente flexibles con la comida y el alojamiento, pero no con la tecnología. Dijo que necesitarían tener acceso a Internet porque lo llevan «en la sangre». Al parecer, este es el caso de la mayoría de la generación más joven. En una ocasión, durante un retiro en India, uno de los participantes me contó que, cuando se sentaron para una sesión de práctica de una hora de duración, pusieron el teléfono en silencio y lo colocaron junto a su asiento. Luego reconocieron que no podían dejar de preguntarse si se les habría escapado alguna llamada o mensaje de texto. Les costaba un mundo concentrarse.

Supongo que, en la era digital actual, la gente depende del móvil para asuntos como el trabajo o para estar en contacto con la familia y los amigos. No hay de qué preocuparse. Sin embargo, el problema surge cuando la gente se vuelve adicta al móvil. Una encuesta de 2018 del Pew Research Center realizada por el analista Jingjing Jiang concluyó que casi el cincuenta y cinco por ciento de los adolescentes de Estados Unidos se declaran adictos a sus *smartphones*. Es más, el treinta y cinco por ciento de los adolescentes utiliza el teléfono mientras conduce, el cuarenta y cinco por ciento cree que su teléfono es su bien más preciado y el cuarenta y ocho por ciento experimenta ansiedad cuando la batería está por debajo del veinte por ciento. Esto parece indicar que el teléfono ya no es solo una herramienta de comunicación, sino una obsesión. Es algo a lo que la gente se aferra con la esperanza de que le brinde satisfacción. Me temo que hay factores como Internet, las redes sociales y los memes que juegan un papel clave en esta adicción.

Aun así, por mucho que la gente dependa de cosas externas para su felicidad, no encontrarán satisfacción por medio de estos dispositivos. La verdadera felicidad surge del interior, cuando entrenamos nuestra mente para aceptar la verdad y responder a ella de forma sana. Entrenarla no implica convertirse en algo sobrehumano. Significa que crees en ti mismo lo suficiente como para tener fe en tus capacidades para transformarte y mejorarte. Construyes confianza cuando aprendes a manejarte con soltura en esta red de dependencia. Eres alguien que desea alcanzar una felicidad real y genuina. Eso es lo que todos queremos. Aunque el mundo es tu ostra, tú eres el verdadero responsable de fabricar las perlas. Tú eres el encargado de generar tu propia alegría. Al hacerlo, influirás en quienes te rodean de una forma positiva. La práctica del entrenamiento mental es una herramienta para superar tanto los problemas como las tendencias habituales más ineficaces. Es un camino hacia la felicidad. No tiene nada que ver con tus circunstancias externas; es una cuestión que atañe a tu libertad y pureza interiores. Es una forma de vencer las tendencias problemáticas y los condicionamientos enquistados en tu mente.

Transforma los problemas en perlas

Debes reducir la frecuencia de tus tendencias negativas para poder trascenderlas. Hasta que no encuentres la forma de superar los problemas que hay en tu interior, siempre te acompañarán, causándote un sinfín de problemas evitables que te dejarán sumido en la miseria. No es algo que yo me invente, sino una verdad eterna. Simplemente lo pongo de relieve para que pueda ayudarte a descubrir la felicidad y la auténtica libertad a través de la práctica. No basta con que comprendas desde un punto de vista meramente intelectual cómo superar tus tendencias negativas. Por muy bien que comprendas teóricamente estas enseñanzas, no te servirán de nada si no las aplicas a tu vida. Como decía, no servirá de nada. No es necesario tener amplios conocimientos; si simplemente sabes practicar correctamente, lograrás muchos beneficios. Incluso si dominas temas filosóficos profundos, errarás el tiro si no sabes cómo aplicar nada de eso para resolver tus asuntos cotidianos. Debes hacer uso de lo que has aprendido para entrenar no solo tu mente, sino también tu corazón. El corazón bondadoso y la mente sabia están conectados. Están compinchados. Por eso tu mente y tu corazón tienen un impacto significativo el uno sobre el otro. Quizá por eso la comunidad médica ha relacionado la depresión con las enfermedades cardiovasculares. La mente y el corazón son como las dos alas de un pájaro. No puedes volar con una sola ala. Solo remontas el vuelo cuando ambas alas trabajan al unísono.

Trabajar con la mente y el corazón es algo que debes hacer por ti mismo; nadie puede hacerlo por ti. Ahora es el momento de comprometerte a practicar y cumplirlo. Una vez que hayas fijado tu objetivo de práctica, debes esforzarte por alcanzarlo y hacerlo con determinación. Si no sabes cuáles son tus intenciones o si sigues retrasando la práctica, no llegarás a ninguna parte. La transformación interior comienza con la decisión, por fin, de actuar. No necesitas ser demasiado estricto contigo mismo; no eres más que un ser humano. En el fondo, no hay una forma correcta o incorrecta de emprender la práctica. Lo más importante es que te esfuerces. No te obsesiones con hacer las cosas a la perfección, simplemente sigue adelante. En vez de eso, a medida que tu práctica vaya alcanzando cierta madurez, es primordial que compruebes si te está ayudando o no. Utiliza el método del té delicioso. Reflexiona cada cierto tiempo sobre si tus tendencias negativas han menguado o no. Si consideras que está surtiendo efecto, ¡sigue practicando! Lo más importante es sacar provecho de esta información y dedicarte a la práctica. Si tus esfuerzos son sinceros, tu vida y la de los que te rodean saldrán ganando. Si no logras un resultado que te satisfaga, es hora de plantearse un enfoque alternativo.

A partir de este momento, contempla todo el conocimiento que he compartido contigo y las prácticas de entrenamiento mental como algo parecido a tomarte un nuevo medicamento para lo que te duele. Cuando te tomes este medicamento tan potente, hazlo en pequeñas dosis y luego dedica un tiempo a reflexionar sobre cómo está influyendo en ti y en tu vida. Si sientes que estás mejorando, sigue tomando la medicación como de costumbre. Utiliza las técnicas de entrenamiento mental que aprendas en este libro como antídoto contra lo que te preocupa. Aprovéchalas siempre que puedas. Si adoptas esta costumbre, en cuanto veas un problema, aplicarás el antídoto correcto con naturalidad e inmediatez. Una vez que hayas creado el buen hábito de practicar, conviene que de vez en cuando tengas una reunión de seguimiento contigo mismo. Reserva tiempo para reflexionar sobre si tu mundo está mejorando. Lo más importante es que, a través de la práctica, te conviertas en una persona más sana y feliz.

La arena irrita a la ostra y esta reacciona fabricando una hermosa perla. La transformación sucede por medio de las dificultades. Tu día a día rebosa de desafíos, pero esos problemas no tienen por qué hacerte sentir desgraciado. No debes sentir temor ante tus problemas, pues sirven para crecer y aprender. Si tropiezas con obstáculos, plantéatelos como si fuera una oportunidad para ejercer el control sobre tu mente. Conocer la verdad y comprometerse en la práctica del entrenamiento mental son medicinas muy poderosas. Con un conocimiento preciado, liberación personal, esperanza, resistencia y una gran determinación, el mundo es tu ostra. No obstante, depende de ti transformar tus problemas en perlas.

Reflexión

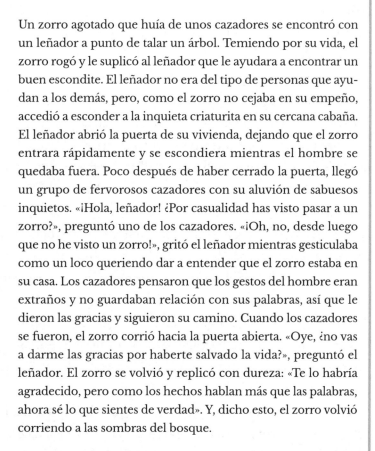

Un zorro agotado que huía de unos cazadores se encontró con un leñador a punto de talar un árbol. Temiendo por su vida, el zorro rogó y le suplicó al leñador que le ayudara a encontrar un buen escondite. El leñador no era del tipo de personas que ayudan a los demás, pero, como el zorro no cejaba en su empeño, accedió a esconder a la inquieta criaturita en su cercana cabaña. El leñador abrió la puerta de su vivienda, dejando que el zorro entrara rápidamente y se escondiera mientras el hombre se quedaba fuera. Poco después de haber cerrado la puerta, llegó un grupo de fervorosos cazadores con su aluvión de sabuesos inquietos. «¡Hola, leñador! ¿Por casualidad has visto pasar a un zorro?», preguntó uno de los cazadores. «¡Oh, no, desde luego que no he visto un zorro!», gritó el leñador mientras gesticulaba como un loco queriendo dar a entender que el zorro estaba en su casa. Los cazadores pensaron que los gestos del hombre eran extraños y no guardaban relación con sus palabras, así que le dieron las gracias y siguieron su camino. Cuando los cazadores se fueron, el zorro corrió hacia la puerta abierta. «Oye, ¿no vas a darme las gracias por haberte salvado la vida?», preguntó el leñador. El zorro se volvió y replicó con dureza: «Te lo habría agradecido, pero como los hechos hablan más que las palabras, ahora sé lo que sientes de verdad». Y, dicho esto, el zorro volvió corriendo a las sombras del bosque.

Los actos y las palabras deben ser coherentes. La posición, o punto de vista, que subyace a cualquier doctrina filosófica o religiosa es similar a un juego de palabras. Un punto de vista filosófico es, fundamentalmente, la búsqueda de una verdad, o de una visión, que se valora en gran medida. Sin embargo, la sabiduría espiritual está incompleta cuando no se construye más que sobre palabras. Desde luego, para que tu práctica vaya bien, debes conocer toda esta información filosófica. Sin embargo, la sabiduría se alcanza analizando conceptos profundos, y también a través de la meditación o la práctica del entrenamiento mental. Es imposible que desarrolles la fe sin antes descubrir cómo son realmente las cosas, de ahí que el análisis y la meditación sean de vital importancia. En cualquier caso, todas las explicaciones y debates para averiguar lo que es verdad no son más que el equivalente a un juego de palabras. No te dejes atrapar por las palabras. Todo este análisis e investigación debe tener un límite, o no podrás evolucionar. Por eso, una vez hayas comprendido la verdad de las cosas, debes pasar de las palabras a los hechos, aplicando esta percepción sobre tu vida.

Es crucial que explores la relación entre lo que has aprendido, tu práctica y cómo funciona esto en tu vida. En definitiva, debes considerar cuál es el equilibrio adecuado entre el conocimiento y la práctica, dando la máxima prioridad a la puesta en práctica diaria de lo que aprendas. Toma nota de tus obstáculos. Los obstáculos son valiosos porque pueden ser el punto de partida que te ayude a ir más allá de las palabras, adentrándote en el terreno de la acción. Conforme a mi tradición budista, existe una excelente forma contemplativa de entrenamiento mental transmitida por el sabio indio Atisha, denominada los Siete Puntos del Entrenamiento Mental. Los maestros que surgieron posteriormente ampliaron estos puntos en una serie de lemas profundos que el practicante debe contemplar para generar sabiduría y compasión. Uno de estos lemas sugiere de una forma muy útil que en primer lugar te ocupes de tu mayor obstáculo. En este capítulo se han tratado los tres obstáculos: externo, interno y secreto. Detente y reflexiona sobre cuál de los tres es el obstáculo más importante para tu transformación positiva. A veces hay más de uno, pero empieza por el más obvio en primer lugar. Sé sincero y resístete a entrar en la negación. Una vez que hayas llegado al obstáculo más importante, piensa en la causa que lo origina. Pregúntate en qué medida eres responsable de este obstáculo. ¿Está relacionado con un apego, un egoísmo en exceso o un GAS? Cuando entiendas qué hay que cambiar y por qué, intégralo en tu práctica. En función de lo que te suponga tu mayor obstáculo, tu práctica podría consistir en algo tan básico como una meditación para permanecer en calma, en la que sosegar la mente a través de la concentración de la mente sobre un punto concreto, como la respiración; o podría ser una meditación analítica más implicada desde el punto de vista mental, en la que examines en profundidad un tema en particular, explorándolo desde todos los ángulos para profundizar en él. Estos dos tipos de meditación también son útiles cuando se complementan. Permanecer en calma ayuda a que tu mente se prepare con antelación para el análisis al que te sometas. De esta forma estarás menos distraído y más capacitado para lograr una mayor introspección. Lleva un registro de tu progreso anotando el obstáculo, algún objetivo pequeño y manejable, y un plazo de tiempo en el que creas que puedes alcanzar dicho objetivo de forma razonable. Registra tu progreso diario anotando en un calendario el número de minutos que practicas. He aquí algunos ejemplos utilizando los tres obstáculos:

Obstáculo externo: el obstáculo es la falta de apoyo espiritual en tu entorno, que te disuade de practicar. El alivio interno te puede ayudar a desarrollar determinación para no desviarte del camino espiritual. Tu objetivo es hacer una meditación analítica de diez minutos cada día, al despertarte. Céntrate en tejer un sentido sólido de creencias propias o *autocreencias* haciendo un análisis de las razones por las que eres valioso en este mundo interdependiente. Te gustaría convertirlo en un hábito en X semanas.

Obstáculo interno: el obstáculo es una mala higiene del sueño a causa de una mente inquieta. Tu objetivo es practicar diez minutos de shamatha, o meditación para permanecer en calma, antes de irte a dormir. Utiliza la respiración como punto focal. Cuando tu mente divague, vuelve a contar la respiración. Te gustaría convertirlo en un hábito en X semanas.

Obstáculo secreto: el obstáculo es la procrastinación. Tu objetivo es practicar cinco minutos de atención a la respiración y cinco minutos de meditación analítica sobre la impermanencia. Te gustaría convertirlo en un hábito en X semanas.

Los hábitos son acciones que se producen de forma automática. Según un estudio sobre la formación de hábitos publicado en *The British Journal of General Practice,* los hábitos se forman cuando se asocian a algo que ya haces. Un buen ejemplo de formación de hábitos es meditar al despertarse por la mañana. La señal para meditar es despertarse, luego vuelves a repetir esta misma acción sistemáticamente en el mismo contexto. El mito dice que hacen falta veintiún días para crear un hábito, pero cada persona es diferente. Los estudios sugieren que el tiempo medio que se tarda en formar un hábito es de sesenta y seis días. Por eso es conveniente seguir practicando durante un mínimo de diez semanas. Si durante la última semana de seguimiento consideras haber creado un hábito firme y saludable, ¡es el momento de celebrarlo!

8

Anidar la mente y reposar el pensamiento

C omo ya he comentado antes, cuando era joven, fueron varios los factores que me llevaron a padecer ornitofobia, un miedo irracional a los pájaros. Suele tener su origen en encuentros negativos con aves reales o imaginarias en la infancia. No son pocas las personas que han tenido experiencias desagradables con estas criaturas con plumas y, a consecuencia de ello, han desarrollado esta fobia. ¿Sabías que las palomas y las gaviotas son las principales culpables de inducir tal pavor? A mucha gente le divierte dar de comer a las palomas y a las gaviotas marinas, así que no es de extrañar que este disfrute inocuo se torne desagradable tras un picotazo inesperado en el dedo del pie.

Los miedos anómalos suelen ser consecuencia de acontecimientos normales cotidianos. Miles de personas sufren fobias que provocan ansiedad. Solo en el Reino Unido se calcula que aproximadamente diez millones de personas viven con fobias. Pero ¿de dónde vienen estos miedos? Mi miedo a los pájaros nace de un pensamiento en mi mente. Lo bueno es saber que es el *pensamiento* el que causa el problema, no el pájaro en sí. En realidad, ¡los pájaros no van caer en picado del cielo y atacarme! Si lo pienso desde esta perspectiva, los pensamientos son como esos amigos nuestros cubiertos de plumas. Dentro de tu mente consciente, los pensamientos vuelan como pájaros salvajes. Vuelan en el cielo de tu consciencia. Tu mente observa cómo los pensamientos revolotean de un tema a otro, al igual que el cielo contempla cómo los pájaros vuelan de un árbol a otro. Sin embargo, si construyes un nido, dejas que tus pensamientos problemáticos reposen.

Tras trabajar con el miedo mental de forma gradual, me alegra poder decir que ahora temo a los pájaros un noventa por ciento menos en comparación con el pasado. El motivo es el control que ejercemos sobre nuestra poderosa mente. Esto a lo que solemos llamar «mente» es una energía ilimitada e indestructible. La mente es una constante que nunca se destruye, sino que experimenta infinitas transformaciones. Son buenas noticias porque significa que no estás atrapado en tus miedos ni en nada parecido. Tú puedes generar transformaciones en positivo mediante la práctica del entrenamiento mental. Tu mente es esencialmente imparable, infinita. Es la raíz de todas las experiencias y el fundamento de la felicidad y el sufrimiento. Así pues, solo entrenando a la mente alcanzarás la paz y la felicidad. Además, el entrenamiento de la mente no consiste en vaciarla de pensamientos, como algunos podrían asumir que hacen todas las prácticas de meditación. Supone entrenar tu mente para que se focalice en pensamientos específicos, saludables y transformadores, hasta que el pensamiento funcional se vuelva automático.

¿Qué es lo que estás entrenando?

Al entrenar tu mente, puedes poner en «modo descanso» los pensamientos que te agobian. Aun así, antes de dejarlos reposar, primero debes encontrar tu mente. Me viene a la memoria una famosa historia sobre un gran maestro del entrenamiento mental y un alumno que estaba buscando su mente. En esta historia, un alumno muy decidido salió en busca de un gran maestro del entrenamiento mental con la esperanza de que le enseñara. Al principio, el maestro le ignoró, pero el estudiante se quedó de pie bajo la nieve helada que le llegaba hasta la cintura, como muestra de su compromiso. El maestro creyó que el alumno era superficial y egocéntrico. Sin embargo, el estudiante se atrevió a ofrecerle al maestro su brazo como símbolo de su verdadero deseo de instrucción en el entrenamiento de la mente. Al ver el compromiso del alumno con el aprendizaje, accedió a enseñarle. Entonces el estudiante le preguntó: «Maestro, no puedo sentir alegría porque me abruman los pensamientos de ansiedad. ¿Me ayudará a serenar mi mente?». El maestro preguntó con perspicacia a su alumno: «¿Puedes darme tu mente? Si puedes darme tu mente, yo la calmaré». Entonces, el alumno buscó su mente por todas partes. Desconcertado, respondió: «A pesar de haberla buscado, no consigo encontrar a mi mente». El maestro replicó de forma reveladora: «¡Ya está! Ahora he calmado tu mente». El maestro había revelado la verdad de la mente del estudiante: su esencia primaria y vacía, o desinteresada. Como el estado de la materia, todas las cosas se desvanecen cuando sus partículas se dividen. Lo mismo ocurre con los pensamientos. Cuando los pensamientos se dividen y buscas tu mente, no está ahí. Tu mente no puede cosificarse porque no hay nada tangible a lo que agarrarse. La energía mental de la mente tiene la naturaleza de la conciencia, la lucidez y el conocimiento. Entonces, ¿qué es lo que estás entrenando?

Que quede claro. Aunque no puedas encontrar tu mente, eso no significa que no tengas influencia sobre su energía. Los pensamientos, las decisiones y las emociones trabajan a la par para influir en esta fuerza energética. El entrenamiento analítico de la mente te ayuda a no aferrarte a pensamientos negativos, a dirigir tu atención hacia pensamientos más sanos, a tomar decisiones más funcionales y, en consecuencia, a experimentar emociones más deseables. Las ventajas no terminan ahí. Tu energía mental afecta al mundo físico, en particular, a tu cuerpo físico. Las partículas que componen tu forma física y la energía de tu mente están íntimamente conectadas, de modo que cuando entrenas tu mente, repercute directamente en la salud de tu cerebro, en el bienestar de tu cuerpo e incluso influye en el mundo interconectado que te rodea. Más adelante profundizaremos en estas ideas, pero antes debes preguntarte por qué tu mente se ha desviado tanto del camino.

Cuando dedicas un instante a explorar tu mundo interior, ¿no te sorprende que puedas sentir sin esfuerzo tus emociones negativas, pero no puedas hallar tu mente? Lo que causa tu angustia está dentro de tu conciencia, pero no es la energía mental en sí, sino un aferramiento sistemático a la negatividad. Lo importante es descubrir la causa de raíz de todas estas emociones negativas. Cuando inicies tu exploración hacia el interior, pregúntate: «¿Estas emociones a las que me aferro surgen de mí mismo? ¿Quién es este "yo"?». Esta indagación te acerca a la verdad de quién eres realmente y cómo es posible que hayas desarrollado un sesgo de negatividad. Cuando profundizas, te das cuenta de que hay muchos factores a lo largo de tu vida que han influido en ti para que seas de una determinada manera. Has estado profundamente condicionado por diversos recuerdos. Te das cuenta de cómo el mundo exterior ha influido en la construcción del yo. Yo mismo tengo el título de Rinpoche, lo cual ha influido en mi autoconcepto. Tus encuentros con el mundo también te pueden hacer creer según qué cosas sobre ti mismo. Hay muchas causas y condiciones que han conformado este yo relativo. Esta especie de pequeño «yo» no goza del valor de la impermanencia; es caduco y cambiante. Si lo analizas más a fondo, cuanto más lejos empieces a aclarar los conceptos que tienes de ti mismo, más borrarás las huellas inservibles de tu mente. Es como si se encendiera la luz de la sabiduría y pudieras ver la verdad: tú eres el resultado de esta conexión con todos y con todo. Así podrás apreciar el desinterés y experimentar cierto alivio al poder comprender lo negativo de las emociones.

¡Eres más poderoso de lo que crees! A partir del momento en que te desprendes de tus viejos autoconceptos, eres testigo de la verdad sobre cómo estás interconectado con el mundo que te rodea. Tu relación con todo lo que te rodea se transforma cuando experimentas el altruismo, pues tu propia relación contigo mismo cambia. Físicamente, tu entorno parecerá el mismo. Sin embargo, una vez que te percatas realmente de que formas parte de todo, abandonas toda rumiación egoísta y negativa.

Cuando abandonas tu yo limitado y aceptas la sabiduría más profunda de la verdad, sientes que estás vinculado a algo sorprendentemente ilimitado. Como la ola del océano, estás sujeto a todos los cambios que experimenta una ola, pero no puedes negar que estás hecho de la inmensa extensión del imponente océano.

¿Te imaginas lo mucho que aumentaría tu autoestima si reconocieras plenamente la naturaleza sin límites de tu propio ser interconectado? Por eso, comprender la conexión que existe entre tu ser y todo lo demás es tan determinante para poner fin a tu sufrimiento. Te permite ver el problema de tu egocentrismo, pero esta toma de conciencia por sí sola no basta para introducir transformaciones pragmáticas. Para que arraigue mentalmente cualquier tipo de cambio positivo tendrás que entrenar a tu mente para que se habitúe a lo que es sano y funcional. Esto es especialmente importante en etapas en las que el malestar y las dificultades están latentes. Instruir a tu mente de esta forma te llevará tiempo y paciencia. Si te entrenas con constancia, notarás grandes beneficios.

Entrena la mente, transforma el cerebro

Durante décadas, los neurocientíficos han sostenido la idea de que el cerebro humano estaba programado de una forma concreta y que era inalterable una vez que se había formado por completo. Por suerte para nosotros, esa idea de un cerebro humano inmutable se ha dado la vuelta... ¡Literalmente! A medida que los neurocientíficos investigan acerca de la plasticidad neuronal del cerebro, o capacidad de cambio, van descubriendo la capacidad real de remodelación que tiene. Cada vez son más las investigaciones en torno al análisis de la alteración de la función y la estructura del cerebro como consecuencia de los distintos mensajes y actividades mentales. Las habilidades aprendidas, las decisiones tomadas y las acciones emprendidas transforman el cerebro. En este sentido, el principal punto de interés es que tu cerebro puede cambiar tomando como base únicamente los pensamientos que tenemos. Cuando diriges tu mente, puedes esculpir tu cerebro y cablearlo de nuevo para que contribuya a tu bienestar y al rumbo que quieras darle a tu vida.

¿Sabías que cuando entrenas tu mente transformas tu cerebro en positivo? Dado que tanto el origen de los problemas cognitivos como la solución están dentro de ti, reconfigurar tu cerebro cableándolo de nuevo es responsabilidad tuya. Un experimento dirigido por el neurocientífico Álvaro Pascual- Leone en la Facultad de Medicina de Harvard avala esta capacidad del cerebro para remodelarse a sí mismo. Invitó a los participantes en el estudio a que tocaran el piano durante cinco días con el fin de poder medir su corteza motora mediante pruebas de estimulación magnética transcraneal (EMT). Descubrió que los movimientos repetitivos de los dedos de los participantes afectaban a la estructura física de las zonas circundantes del área de la corteza motora de su cerebro. A continuación, hizo que otro grupo de voluntarios hiciera la misma práctica de piano, pero solo mentalmente. Midió su corteza motora siguiendo el mismo patrón que el primer grupo. Tras analizar los dos grupos de participantes, el que había realizado la práctica del piano mentalmente obtuvo los mismos resultados en la corteza motora que los que habían hecho los ejercicios físicamente. Esto prueba que, dirigiendo tu mente de forma repetitiva, puedes cambiar la propia estructura de tu cerebro.

Una de las periodistas científicas de mayor prestigio mundial, Sharon Begley, escribió acerca de la capacidad de la mente para transformar el cerebro. En su libro *Entrena tu mente, cambia tu cerebro*, Begley profundiza en la poderosa influencia que tiene tu mente para mejorar tu cerebro mediante prácticas de entrenamiento mental tales como las técnicas budistas de atención plena. Mediante estudios realizados en personas que practican el entrenamiento mental y técnicas vanguardistas, los neurocientíficos ya pueden examinar la influencia que tiene el hecho de dirigir la energía de la mente sobre la estructura física del cerebro. Hoy en día existen pruebas sólidas que demuestran que nuestros cerebros experimentan modificaciones favorables con la práctica del entrenamiento mental. Se han realizado, y se siguen realizando, experimentos neurológicos con monjes budistas que llevan muchos años practicando el entrenamiento mental. Los investigadores miden utilizando técnicas como el mapeo TMS, la electroencefalografía, la tomografía computarizada y la resonancia magnética para recopilar datos. Begley menciona a los pioneros de estas investigaciones científicas, como el neurocientífico Richard Davidson, de la Universidad de Wisconsin-Madison. Davidson examinó la actividad cerebral de los monjes budistas en el córtex prefrontal izquierdo, la zona del cerebro asociada a la satisfacción y la felicidad. Mientras los monjes meditaban sobre la compasión, utilizó una resonancia magnética para ver lo que ocurría en sus cerebros. Los más veteranos en la meditación de la compasión no solo mostraban un mayor vínculo entre los centros cerebrales de la emoción y el pensamiento, sino que la actividad de su prefrontal izquierdo trabajaba conjuntamente con el prefrontal derecho (asociado a los estados de ánimo negativos) como nunca antes se había visto. Esto parece indicar, dice Davidson, que la felicidad es una habilidad mental que se puede desarrollar entrenando la mente.

Estudios más exhaustivos han corroborado que las zonas del cerebro asociadas a la felicidad están mucho más desarrolladas y activas en aquellos que meditan y no se limitan a entrenar la mente, sino que lo hacen con la intención puesta en el corazón. Este tipo de entrenamiento —entrenamiento basado en la sabiduría y la compasión— desafía profundamente nuestro egocentrismo o ensimismamiento, accede a nuestra interconexión y favorece la actividad mental responsable de que emerja un corazón bondadoso. Todos deseamos alcanzar la felicidad, ¡y eso tiene más valor que tener dinero en el banco! Pese a no ser ricos en cuanto a las comodidades y lujos que ofrece el mundo moderno, estos modestos meditadores son multimillonarios en alegría. Han aprovechado el poder de su mente para influir en su cerebro de la mejor y más positiva manera.

Es increíble hasta qué punto el entrenamiento mental mejora tu cerebro. Abre nuevas vías neuronales asociadas a la felicidad. Con la práctica continua, los científicos están descubriendo que es posible influir radicalmente en tu plasticidad neuronal para mejor; puedes reconfigurar tu pensamiento cableándolo de nuevo, generar nuevas neuronas y cambiar tanto la estructura como el tamaño de tu cerebro. Las prácticas contemplativas estimulan tu crecimiento interior, tu salud cerebral y tu superación personal. Además, no hay límite de edad. El cerebro puede adaptarse tanto si uno tiene nueve como noventa años. Si a lo largo de los años has atravesado dificultades que te han dejado cicatrices profundas, las prácticas de entrenamiento mental de este libro te pueden ayudar a remodelar tu cerebro. Pueden ayudar a que te recuperes y afrontes mejor el trauma, la enfermedad y cualquier tipo de trastorno. Esta perspectiva se traduce en que ya no eres esclavo de tu pasado, ni siquiera de tu código genético para tener una vida feliz. En lugar de dejar que las emociones y los pensamientos te dominen, puedes desarrollar el poder sobre esos pensamientos y emociones. Al entrenar la energía de tu mente, fortaleces tus superpoderes innatos.

El poder de la mente

Un poder asombroso del que he sido testigo es el que tiene la mente para predecir el futuro. A los treinta años, mientras impartía clases en la Universidad Monástica de Sera Jey, me ofrecí voluntario para participar en un experimento científico dirigido por un equipo de investigadores estadounidenses y británicos. Estos analistas profesionales buscaban monjes budistas que fueran adeptos al entrenamiento mental. Para su investigación, me pidieron que pusiera en práctica la forma de meditación habitual de mi tradición durante quince minutos. Después, me mostrarían cuatro imágenes en la pantalla de un ordenador. No obstante, antes de enseñármelas, tenía que intentar predecir qué imágenes serían. Una vez hecha la predicción, el ordenador seleccionaba al azar una de las imágenes. Como el proceso era totalmente aleatorio, nadie sabía la imagen que elegiría el ordenador. Teníamos que vaticinar qué imagen saldría antes de que el ordenador la eligiera.

Al principio, me parecía que todo el experimento no era más que un juego; no parecía muy serio. Sin embargo, entonces me fijé en que los investigadores habían dividido a los participantes en dos grupos. Un grupo estaba formado por personas que nunca habían meditado, y el otro por expertos en meditación. Más tarde, descubrí que los que tenían experiencia meditando eran capaces de acertar la imagen que seleccionaría el ordenador con mucha más frecuencia en comparación con los que tenían poca experiencia meditando. Sentía curiosidad por saber qué tipo de meditación conseguía mejores resultados, así que aproveché la oportunidad para hacer una pequeña investigación científica por mi cuenta. Pregunté a los participantes por el tipo de meditación que practicaban. Así descubrí que los que practicaban la meditación de la compasión tenían un mayor índice predictivo que los que no la practicaban. La compasión es una práctica espiritual esencial en mi tradición budista. Por lo tanto, no me sorprendió que la meditación altruista y compasiva produjera mejores resultados.

Al final del experimento, nos visitó un grupo de psicólogos asociados. Les preguntamos: «¿Habéis averiguado que la mente puede adivinar el futuro?». El equipo de psicólogos respondió que, sin duda, la mente tiene el poder de predecir el futuro. Este experimento se llevó a cabo en distintos lugares, por eso buscaban algo para lo que la mente de todas las personas tuviera potencial. La experiencia me ha enseñado que la mente es como el tiempo, pues ambos representan un proceso continuo que oscila entre el pasado y el futuro. Por eso parece posible que la mente viaje hacia delante en el tiempo para percibir acontecimientos futuros.

Lo cual me hace pensar que la mente es móvil. En la tradición budista tibetana, aprendemos que la mente se divide en dos partes: burda y sutil. Tu mente burda depende de tu cuerpo. Cuando tu cuerpo muere, se cree que tu mente burda se va con él. El cometido de la mente burda es enviar la información que obtiene de los cinco sentidos a tu mente sutil. También creemos que la mente sutil no tiene un sentido del «yo» y se mueve de una vida a otra. Es donde se almacena tu información personal y kármica; algunas personas podrían llamarla alma. Toda tu mente está en una relación de interdependencia con tu cuerpo, porque tu cuerpo es el recipiente en el que funciona tu mente. Acceder a tu mente sutil es posible gracias a las prácticas de meditación contemplativa. Aprendí que dondequiera que vaya la mente sutil, la acompaña una tenue energía del viento. Esta energía tenue del viento tiende el puente que conecta tu cuerpo y tu mente. Quizá sea este canal de viento el que permite a tu mente curar tu cuerpo.

La mente y el cuerpo

Tu mente influye en tu cuerpo y, por consiguiente, en tu salud. Sin ir más lejos, un estudio realizado por Erin Shackell y Lionel Standing, de la Universidad Bishop, analizó si el entrenamiento mental por sí solo podía producir fuerza muscular. Descubrieron que los participantes que entrenaron mentalmente aumentaron su fuerza física un veinticuatro por ciento, los que entrenaron a nivel físico ganaron un veintiocho por ciento de fuerza muscular, y el grupo de control no experimentó ningún cambio. Se trata de un principio esencial en la práctica: la mente sobre la materia, por así decirlo. Sin embargo, ¿qué le ocurre a tu cuerpo si tu mente se vuelve pesimista? Como la vida está llena de retos, puede abrumarte y desembocar en un estado mental negativo. El exceso acumulado de esta energía negativa atenta contra la salud física de tu cuerpo. Esa es una de las razones por las que debes entrenar tu mente para generar estados mentales positivos, con los cuales podrás contrarrestar el pesimismo. Siempre que sea posible, utiliza tu práctica de entrenamiento mental para atenuar la energía negativa. Fomentará la mejora de tu salud.

Tu mente puede influir en tu cuerpo de la mejor forma posible. Tu mente tiene el poder de ayudar a sanar tu cuerpo. No te estoy aconsejando que dejes de tomar la medicación y confíes únicamente en el entrenamiento mental; eso sería una tontería. Lo que pretendo es animarte a que lo practiques sabiendo que cada vez hay más pruebas esperanzadoras que demuestran que la mente tiene la capacidad de ayudar a la curación del cuerpo y a la prevención de enfermedades. Los investigadores de Stanford Medicine —la facultad de medicina y la red de hospitales de la Universidad de Stanford— instan a las comunidades médicas a considerar la importancia de la mentalidad de cada paciente como un factor determinante en su proceso de curación. Más de treinta años de investigación neurobiológica en los centros de investigación de Stanford apuntan a que el efecto placebo involucra áreas cerebrales que pueden resultar en la recuperación. Dicho de otro modo, se ha descubierto que una alternativa terapéutica que aparentemente es real pero que en realidad no lo es, como una pastilla de azúcar, puede llegar a ser tan eficaz como los tratamientos reales en determinadas ocasiones. Esta investigación confirma que la mentalidad y las expectativas de una persona influyen en el resultado de un tratamiento.

Supongamos que eres de la opinión de que el estrés es una parte útil e importante de la vida. Según un estudio dirigido por la profesora adjunta de Stanford Alia Crum, esta predisposición mental optimista respecto al estrés redunda en un mayor bienestar. Concebir el estrés con este optimismo es sinónimo de buena salud, bienestar emocional y productividad laboral. Kelly McGonigal, psicóloga sanitaria de Stanford y desarrolladora de programas para el Centro de Investigación y Educación sobre Compasión y Altruismo (CCARE), se ha marcado como objetivo comprender los beneficios que aporta el estrés. Propone algunos consejos sencillos sobre el estrés. Sugiere que adoptemos la postura mental según la cual el estrés es una oportunidad para aprender y crecer. Es una respuesta biológica natural, y ayuda a inocular el estrés a la vez que tu cerebro se reconfigura y aprende a gestionar mejor los factores que lo provocan. Aprender a valorar el estrés es valioso. Saber que el estrés es útil, que puedes controlarlo y que todas las personas deben hacer frente a él, te beneficia. Igual que el efecto placebo, tu mentalidad positiva puede producir por sí sola resultados saludables. En cambio, los estudios también concluyen que una mentalidad negativa puede desencadenar efectos adversos indeseados tipo nocebo. Esto ocurre, por ejemplo, cuando los pacientes experimentan un dolor más intenso después de que se les haya dicho que una inyección les dolerá o cuando experimentan un efecto secundario de la medicación después de que se les haya informado de ello. El efecto placebo y el efecto nocebo demuestran la evidente conexión que existe entre el tipo de pensamientos que alberga tu mente y el efecto que tienen en tu bienestar.

El efecto placebo da un giro apasionante en el libro de Jo Marchant, *Cúrate: una incursión científica en el poder que ejerce la mente sobre el cuerpo.* Jo Marchant es doctora en genética y microbiología, y ofrece investigaciones sobre cómo el estado de ánimo de otra persona influye en nuestra mente. En uno de sus experimentos, se ofreció a tres grupos de doscientos sesenta y dos pacientes con síndrome de colon irritable tres experiencias de tratamiento diferentes. El primer grupo no recibió tratamiento. El segundo grupo recibió a sabiendas un placebo administrado por un médico frío y despreocupado. El último grupo recibió con conocimiento de causa un tratamiento placebo a manos de un médico afectuoso y cariñoso. De los tres, ¿cuál crees que obtuvo mejores resultados? Seguramente no te sorprenda que fuera el último grupo. Esto revela que tu forma de pensar puede influir no solo en ti mismo, sino también en los que te rodean.

La mente y el agua

¿Puede tu forma de pensar influir en el agua? Algunas personas, como el investigador japonés Masaru Emoto, creen que sí. Afirma que el hecho de adoptar un estado mental determinado al expresar palabras cargadas de emoción hacia el agua influye en el proceso de formación de sus cristales de hielo. Esto puede darse incluso a distancia. En el *Journal for Scientific Exploration,* el Instituto de Ciencias Noéticas realizó una réplica a triple ciego de cómo la intención a distancia influye sobre los cristales de agua. Se pidió a mil novecientas personas de Austria y Alemania que hicieran una oración de agradecimiento dirigida a los recipientes de agua de un determinado laboratorio de California. Los recipientes de agua que recibieron las intenciones positivas se guardaron dentro de una sala con protección electromagnética situada a miles de kilómetros de distancia. Más tarde, el agua se congeló y fue examinada por dos mil quinientos participantes no sesgados. Los participantes no tenían conocimiento de las condiciones de tratamiento subyacentes. Hubo otros recipientes de agua que sirvieron de control proximal y distante. Lo que se descubrió fue que el agua que había recibido las oraciones de gratitud había formado cristales más estéticos que la que no había acogido las buenas intenciones. Curioso por ver hasta qué punto influye la mente de una persona en el agua, pedí a uno de mis curiosos estudiantes laicos que realizase un experimento similar. Para ello utilizó varios recipientes de agua distintos. Junto a uno de los recipientes entonó un mantra a diario durante cuarenta días, y en los otros no lo hizo. Día tras día, se tomaron fotos para registrar los cambios que experimentaban los recipientes de agua. El agua sobre la que había cantado seguía siendo transparente, mientras que la otra había empezado a enturbiarse y a cambiar de color.

Decidí llevar a cabo un experimento similar con uno de mis alumnos más jóvenes. Cogimos dos vasos de agua, y le dije que adoptara una actitud de enfado y le gritara a un vaso de agua y que hiciera todo lo contrario con el otro vaso de agua. El alumno solo tenía nueve años, así que su capacidad de atención era todavía escasa. Solo siguió con el experimento durante dos o tres días, hasta que se aburrió y tiró los dos vasos de agua. Nunca sabremos el resultado de aquel experimento. Esto demuestra que, ante todo, necesitamos ser capaces de dirigir nuestra atención para obtener algún resultado. No obstante, me queda la duda. Dado que estamos hechos en su mayor parte de agua, ¿acaso nuestra mentalidad y la energía de las palabras que escogemos nos afectan tanto a nosotros como a los que nos rodean?

Transforma tu realidad

Se han realizado estudios científicos que confirman el impacto que tienen las palabras sobre nosotros y sobre los que nos rodean, y cómo nos afectan profundamente. Hay una energía y un significado detrás de las palabras, y por eso sería un error creer que carecen de poder. Cuando eliges tus palabras conscientemente, tanto si son un diálogo interior como exterior, tienes el poder de influir en ti mismo y en los demás para mejor. Las palabras positivas pueden fortalecer el lóbulo prefrontal del cerebro y hacerte más resistente al estrés físico y emocional. El libro *Las palabras pueden cambiar tu cerebro*, escrito conjuntamente por el neuro-científico Andrew Newberg y el experto en comunicación Mark Waldman, viene a confirmar el poder de las palabras. Estos dos expertos nos demuestran que una simple palabra puede influir en la expresión de los genes que regulan el estrés emocional y físico. También confirman que tus pensamientos pueden cambiar la forma en que percibes tu realidad. Sostener una visión positiva en tu mente puede beneficiar a tu cerebro y motivarte. Por eso suelo animar a mis alumnos a que mantengan en su mente una sencilla afirmación, que es: «¡Vive con fuerza y feliz!». Por eso también abogo por el entrenamiento mental. El entrenamiento mental centrado, contemplativo y analítico utiliza el poder de tu mente para dominar tu diálogo interior; te anima a tener pensamientos positivos y sanos que, a su vez, generan felicidad.

Algunos practicantes que se entrenan mentalmente pueden ser felices incluso en las circunstancias más incómodas y estresantes. Hace tiempo visité a un compañero de práctica que tenía sesenta años. Se encontraba en la última fase de una enfermedad mortal y no tenía cura. Cuando quedé con él, estaba convencido de que estaría irritable. Estaba gravemente enfermo, así que llevaba bastante tiempo sin poder comer. Aun así, inexplicablemente, no estaba irritable. En lugar de estar disgustado, se sentía agradecido. «Estoy muy agradecido y feliz de haber vivido hasta los sesenta años. Mucha gente muere antes de esta edad. Me alegro de haber vivido tanto», me dijo. Mi colega fue capaz de ver el lado positivo a pesar de padecer una enfermedad grave, además de haber sufrido la incomodidad que supone pasar hambre y estar cerca de la muerte. Cuando tu mente está entrenada, tienes el poder de elevarte por encima de los problemas y ver que hay muchas cosas que agradecer en tu vida. Cuando entrenas tu mente, te abres a un pozo de gratitud y sientes la alegría que la acompaña.

A medida que aprendes cómo afectan tus elecciones a tu vida, la cuestión es: ¿optarás por practicar el entrenamiento mental o no? Si lo haces, no solo obtendrás los superpoderes que hemos mencionado, sino que también desarrollarás el poder para tomar buenas decisiones. Según la ciencia de la plasticidad neuronal, tu mente puede moldear parte de tu núcleo central de procesamiento, influyendo positivamente en las decisiones que afectan a tu vida. Otra investigación publicada recientemente por la facultad de psicología y la facultad de economía de la Universidad Normal del Sur de China en la revista *Frontiers in Psychology* deduce que el entrenamiento de la mente regula las actividades cerebrales relacionadas con la regulación de las emociones, la empatía y el control cognitivo. Conlleva mejoras en la toma de decisiones éticas, tanto sociales como personales. Eso significa que entrenar la mente es, al mismo tiempo, entrenar la ética. Este entrenamiento te inspira a no hacer cosas como mentir, robar, hacer daño o utilizar palabras despiadadas. Tanto más si tu entrenamiento va más allá de la mente para incluir también el corazón. La meditación te ayuda a ser más intuitivo, lo que a su vez facilita la toma de decisiones sanas, honestas y sabias.

Lo anterior me recuerda la historia de una practicante que desarrolló el sentido de la intuición. Había una vez una joven que estaba deseosa de celebrar una boda preciosa, así que decidió casarse. Fue una ceremonia increíble, pero, apenas tres meses después, se produjo otro tipo de costumbre legal: ¡un divorcio! Sumida en la depresión y lamentando su mala decisión, decidió que lo mejor que podía hacer era buscar un maestro para aprender a entrenar la mente. Al cabo de varios meses de entrenamiento mental, un día le dijeron que hiciera meditación caminando. Mientras avanzaba por la pasarela arrastrando los pies conscientemente, dirigiendo su atención al movimiento de éstos, oyó una vocecita interior que le susurraba: «No des ni un paso más». La mujer hizo caso, se detuvo inmediatamente y una enorme roca cayó justo delante de ella. Se quedó boquiabierta ante la precisión de la voz. Preguntó: «¿Quién eres?». Su voz interior respondió suavemente: «Soy tu intuición». Ella respondió enfadada: «¿Dónde estabas cuando me iba a casar?». Estaba claro que había desarrollado el «superpoder» del discernimiento mientras se había dedicado a las prácticas de entrenamiento mental. Ojalá hubiera empezado antes a entrenarse para desarrollar sus superpoderes. Sin embargo, al igual que nos ocurre a la mayoría de nosotros, los obstáculos se interpusieron en su camino.

Paciencia y tiempo

Cuando superes los obstáculos, lograrás tener superpoderes. Con cada práctica en la que entrenes tu mente, te harás más poderoso. Confía en el lugar que ocupas en este inmenso universo interconectado. Si tienes tus dudas, recuerda que formas parte de un todo magnífico y que desempeñas un papel importante en él. Haciendo una analogía con el ordenador, si quitas una pieza del *hardware*, no funcionará. Y como formas parte de un todo, por consiguiente, cualquier mejora que hagas por ti mismo ayudará a mejorar todo lo que te rodea. Esta es la verdad, y necesitas tener fe en esta verdad con respecto a la dependencia de todas las cosas. Así que, por favor, cuando te encuentres ante cualquier obstáculo, mantén el rumbo, utiliza tu práctica y supéralo.

En su libro *Guerra y paz*, León Tolstói escribió: «La paciencia es esperar. No esperar pasivamente. Eso es pereza. Sino seguir avanzando cuando el andar se torna difícil y lento; eso es paciencia. Los dos guerreros más poderosos son la paciencia y el tiempo». Son palabras útiles. Sé paciente con tus progresos y limitaciones, pero no te rindas. Sé paciente como lo serías con un niño o con un cachorro o un gatito al que debes enseñar a hacer sus necesidades. Desde luego, no harías daño a tu gatito si hiciera pipí fuera de la caja, ¿verdad? Dale tiempo al proceso. A veces creemos que no tenemos tiempo. En nuestra carrera por alcanzar la felicidad, muchos de nosotros sufrimos el síndrome del «demasiado ocupado». La realidad es que podemos disponer de un poco de tiempo. La práctica puede hacerse casi en cualquier sitio, y la mejor práctica es la que se hace a diario. No estás tan ocupado como crees. El trabajo y los estudios pueden consumir mucho tiempo, pero a veces confundimos la ocupación con el valor personal. Aunque la adicción al trabajo de tipo A se ha glorificado y se considera un indicador de estatus, no es lo más adecuado para ti. En Italia, por ejemplo, estar demasiado ocupado se considera de lo más aburrido. ¿Quizá por eso Roma no se construyó en un día? Sin embargo, así es como vive la vida mucha gente.

Muchos de nosotros vivimos a caballo entre la escuela, el trabajo, el matrimonio y la familia. Pasamos de navegar por Internet a jugar, a ver vídeos en *streaming* y a consultar nuestras redes sociales. La mente nos consume con una cosa detrás de otra, en constante persecución de la alegría y la serenidad. Te pido que te plantees el tipo de vida que realmente quieres para ti. ¿Quieres una vida en la que saltes de una cosa a otra mientras esperas a que lleguen tus vacaciones anuales o una vida con una alegría sólida y constante, sin importar cuáles sean tus circunstancias? Aprovecharías mucho mejor tu valioso tiempo entrenando tu mente y haciendo uso de lo que aprendas en la práctica. Así podrás disfrutar de la vida independientemente de si estás de vacaciones o en un atasco. Podrás disfrutar de la vida estés donde estés. Incluso cuando estés en entornos como el trabajo o la escuela, ya que así es como muchos de nosotros pasamos la mayor parte de nuestra vida despiertos.

Has leído todos esos estudios, historias y ejemplos, pero ¿para qué? Para resumirlo, tú tienes el control de tu vida, porque todo ese control reside en tu mente. Cada año que pasa, la ciencia de la mente apoya cada vez más lo que los monjes budistas hemos sabido siempre. Han aprendido que la mente puede aprovecharse y utilizarse para beneficiarte no solo a ti mismo, sino a todo lo que forma parte de esta red infinita de energía. Para lograrlo, lo mejor sería que trascendieras tu noción limitada de ti mismo y de los demás. Al mismo tiempo, debes empezar a comprender la importancia de domar tu mente y utilizar tu corazón. Debes valorar lo que te ofrece tu corazón, algo que puedes alcanzar mediante prácticas de entrenamiento mental. Pero sé realista; un progreso lento es mejor que no progresar. Responsabilízate de la salud de tu mente y de la dirección de tu vida. Poco a poco, mediante la práctica regular del entrenamiento mental, construirás un nido donde descansarán tus pensamientos. Así, si tienes un miedo revoloteando por tu mente como yo, ¡podrás practicar! En un abrir y cerrar de ojos, ese miedo se irá volando.

Reflexión

Un día de mucho viento, un sabio profesor les dijo a sus alumnos: «Mirad esas ramas del árbol balanceándose de un lado a otro con el viento. ¿Qué es lo que se mueve: ¿el viento, las ramas de los árboles o quizá algo más?».

«¡Es el viento, por supuesto! El viento hace que se muevan las ramas», exclamó un alumno con entusiasmo. «¡No, son las ramas las que se mueven, obviamente! El viento no se mueve», argumentó otro alumno.

Tras escuchar el debate y las diversas respuestas de sus alumnos, el profesor respondió: «No es el viento el que se mueve, ni tampoco las ramas del árbol. Lo que se mueve en realidad no es otra cosa que tu propia mente».

Tu mente es voluble por naturaleza; cambia con frecuencia en función de muchos factores, como tus intereses o emociones. Los pensamientos levantan el vuelo a la menor provocación. Procura no sorprenderte ni preocuparte en exceso cuando notes que tu mente no quiera fijarse en un objeto en concreto, sobre todo al principio. Lo mejor sería que aumentaras tu capacidad de atención poco a poco.

En lo que respecta a la capacidad de concentración de un ser humano, ¿sabías que... ¡Anda, mira! ¡Un pez de colores! ¿Has oído que los peces de colores tienen una capacidad de atención media de nueve segundos? Puede que algunos días tú también te sientas como un pez de colores, con tu atención rebotando de un lugar a otro. Yo, en cambio, he descubierto que nuestro potencial para desarrollar la atención es muy diferente al del cerebro de este pez de colores. Desde mi experiencia, se puede mantener la atención en el mismo objeto durante largo tiempo, pero requiere práctica. Puedes entrenar tu mente para que esté muy concentrada. No hay motivo alguno por el que preocuparse si consideras que, al principio, no logras fijar tu atención en el punto de enfoque. Sigue trayendo con suavidad tu mente de vuelta al punto focal cada vez que notes que se ha desviado. ¡Practica así a diario!

Puedes practicar cada vez que dispongas de unos minutos. Puedes practicar este tipo de meditación en cualquier lugar; no hace falta que estés a solas en casa, sentado con los ojos cerrados. La meditación de atención plena —en la que haces que tu mente vuelva a concentrarse una y otra vez en una sola cosa para así estabilizar la mente, inducir una conciencia firme y fortalecer la concentración— es simplemente una mera actividad mental, por lo que no es necesario que estés exclusivamente sentado. Lo más importante es desarrollar la concentración mental. Puedes ponerla en práctica mientras caminas, trabajas, cocinas o estás tumbado. Aunque estar tumbado no es la mejor postura, a veces tu tiempo es limitado y ese es todo el tiempo del que puedes disponer. Si es así, la mejor opción puede consistir en practicar la concentración en tu respiración mientras estás tumbado en la cama por la noche. Aun así, debes mantener la concentración, aunque estés en una postura reclinada, e intentar no dormirte. Si tu mente está demasiado distraída, otra posibilidad es utilizar el sonido de tu voz interior, o exterior si hace falta, como punto focal. Cuenta lenta y repetidamente del uno al veinticinco, y luego repite. Hazlo durante cinco o diez minutos. A medida que avances, puedes visualizar un objeto, como una manzana, y centrarte en él. A lo largo del día, intenta practicar utilizando lo que estás haciendo como punto focal de tu atención durante tanto tiempo como te sea posible. Si consigues concentrarte durante más de nueve segundos, ¡habrás superado la capacidad de concentración del pez de colores!

9

Cuidar y compartir

El entrenamiento apropiado de la mente pasa por entrenar el corazón. El Dalái Lama dijo: «Si quieres que otros sean felices practica la compasión; y si quieres ser feliz tú, practica la compasión». Puede que la sociedad en la que vives te haga creer que un sitio mejor donde vivir y un coche más lujoso es todo lo que se necesita para vivir una vida alegre. O tal vez te hayan lavado el cerebro haciéndote creer que las últimas tendencias en ropa, las tecnologías avanzadas, la comida más deliciosa o un salario más alto te harán feliz. Las normas sociales que te rodean pueden condicionarte a creer que cuanto más consumas, más feliz serás. Eso es lo que hace que los eventos de ventas como el Black Friday sean tan peligrosos. Pero no importa cuánto consumas; no puedes llenar con cosas materiales la sensación de vacío que hay en tu interior. Puedes experimentar cierta satisfacción efímera comiéndote un cucurucho de helado en un día caluroso, aunque si eres intolerante a la lactosa, será más efímera aún. Este tipo de placer no es lo que persigues. No puedes encontrar una alegría duradera en el mundo material. Según un estudio publicado por Jessica Cerretani sobre la ciencia de las emociones en la revista *Harvard Medicine*, la felicidad está relacionada con múltiples factores. Algunos de ellos no podemos controlarlos tan fácilmente, como la evolución. La predisposición de una persona al pesimismo, por ejemplo, se debe en parte a su afán de supervivencia. Sin embargo, hay otros factores que sí están bajo tu control. Ya que investigar sobre la tristeza es más lucrativo que estudiar la felicidad, hay menos datos sobre el tema, pero los investigadores han descubierto que la alegría deriva, en parte, como consecuencia de las relaciones sanas. La disposición emocional afectiva de una madre cariñosa o de un amigo puede transformar tu tristeza en alegría.

Las emociones son contagiosas. Nicholas Christakis, profesor en la Universidad de Harvard de sociología médica y medicina, investigó el efecto contagioso de las emociones en las redes sociales. Su investigación sugiere que las emociones se propagan a través de las comunidades. Para quienes entrenan su mente es una gran noticia. El entrenamiento mental refuerza tu capacidad para ser un elemento de contagio positivo. Entrena tu mente para librarte de la fijación contigo mismo y de aspectos como la autocompasión, y te ayuda a considerar a los demás fuera de ti. Para lograr una satisfacción auténtica en la vida, hay que prestar atención a los demás. Existe una conexión muy profunda entre tu propia alegría y la disposición mental y emocional que se da en el mundo que te rodea. Si hay una única persona descontenta en tu familia, corres el riesgo de contagiarte de su insatisfacción, pero si hay una persona feliz... pues ya sabes. La disposición mental y emocional dentro de los grupos sociales es contagiosa, por eso necesitas vivir con fuerza. Tienes que ser capaz de proteger tu mente de las influencias negativas. Una de las mejores formas de hacerlo es desarrollando la compasión. Entrenas tu mente para que comprenda perfectamente que tú no eres el único propenso al sufrimiento. Nadie está a salvo de encontrarse con dificultades.

Entrenar para afrontar lo inevitable

Hay una historia sobre una madre desconsolada que atravesó dificultades y una tremenda desesperación cuando perdió a su hija pequeña a causa de una enfermedad. Amaba a su hija con locura, así que la pérdida le afectó muchísimo. En un acto desesperado y despiadado, buscó a alguien que creía que podría devolver la vida a su hija. «¡Por favor!», les imploró, «Mi hija acaba de morir. ¿Podéis revivirla?». Al percibir su dolor desgarrador por la pérdida de su amada hija, le respondieron de la misma manera. «Sí, le devolveré la vida a tu querida y difunta hija si me traes un grano de mostaza de alguien que no se haya encontrado con la muerte». La mujer, presa de la ilusión, buscó inmediatamente por todas partes, pero fue en vano. Sin importar la gran cantidad de gente a la que preguntara, todas las personas con las que hablaba habían sufrido la pérdida de algún ser querido. Tras una larga y agotadora búsqueda, finalmente se dio cuenta de que tal grano de mostaza no existía. Fue entonces cuando pudo comprender realmente que todo el mundo se enfrenta a las mismas dificultades.

Los informativos son un recordatorio incesante de que todas las personas atraviesan dificultades, pero ¿sabías que ver esas tragedias puede causarte dolor? Según un estudio del *International Journal of Behavior Medicine*, los informativos —o «las noticias» como también se los conoce—, son malas noticias para ti. Attila Szabo y Katey L. Hopkinson, autores del estudio, descubrieron que ver las noticias desencadena una serie de sentimientos negativos persistentes que solo podrían transformarse mediante una intervención psicológica dirigida. Se pidió a dos grupos de personas que vieran las noticias durante quince minutos de un telediario cualquiera. Al terminar, todos los participantes experimentaron un estado de ansiedad y una alteración total del estado de ánimo, o TMD, así como una disminución del afecto positivo. Uno de los grupos se alivió respecto a estas consecuencias negativas mediante un ejercicio de relajación progresiva. El grupo de control, sin embargo, asistió después a una conferencia, que no les proporcionó ningún alivio. Ya que las tragedias dominan los titulares y las emociones son contagiosas, es lógico que la negatividad se contagie a quien la observa.

Si la divulgación masiva de las tragedias ajenas tiene un efecto tan potente en nosotros, ¿por qué seguimos percibiéndonos como algo que está separado de los demás? Aunque no veas las noticias, seguro que te topas con alguien, como un compañero de trabajo que está enfermo, y cuyo sufrimiento te produce una sensación de malestar. ¿Cómo puedes negar la conexión mental y emocional que tienes con ellos? Si conoces perfectamente tu unidad, ¿tienes en cuenta también el efecto que produces en el mundo? El entrenamiento de la mente será lo que te ayude a responder a estas preguntas. Gran parte del entrenamiento de la mente consiste en fortalecer la perspicacia necesaria para manejar los problemas mentales y emocionales que inevitablemente forman parte de la vida ordinaria. Cuando haces este tipo de entrenamiento mental, desarrollas tanto sabiduría *como* compasión; una sola no bastará porque las dos son indispensables para cultivar la inteligencia emocional. Según mi tradición budista, cuando entrenas la mente hacia la sabiduría de la verdad, lo haces también hacia tu corazón. Recurres a prácticas sabias, centradas, analíticas y contemplativas para comprometerte sanamente con el mundo. Una práctica de entrenamiento mental regular como esta te ayuda a sobrellevar, y luego a transformar, los problemas de tu vida cotidiana en alegría.

El pasado inesperado

Recuerdo un incidente durante un viaje que describe lo que ocurre cuando tu mente está entrenada para cuidar de los demás. Una vez, estaba en el aeropuerto de Nepal para coger un vuelo de vuelta al Tíbet. Como cualquier otra persona, tuve que pasar un control de seguridad. Para mi sorpresa, uno de los guardias encontró una navaja suiza muy bonita en mi equipaje. Me dijo que podía llevarme la navaja suiza, pero que tendría que volver a la zona de facturación de equipajes, rellenar un formulario y volver a otro lugar. El proceso era muy largo y complicado. Como no sabía cómo había conseguido el cuchillo, pensé que el guardia agradecería un regalo así, y se lo di. Se alegró mucho de recibir un regalo tan útil e inesperado.

Después del vuelo, cuando llegué a mi destino, llamé a mi madre. Me preguntó emocionada si había visto el regalo que había metido a escondidas en uno de los bolsillos de mi equipaje. Entonces deduje que se refería a la navaja suiza. Aunque sentía remordimientos por haber regalado su regalo, le di las gracias y le pregunté cuánto se había gastado en un regalo tan bien pensado. Me dijo que eran cincuenta francos suizos, ¡varios miles de rupias nepalesas! Era mucho dinero para mi madre. Durante los primeros minutos de nuestra llamada, sentí un gran pesar por haber regalado un detalle tan bonito, tan lleno de consideración y con un precio tan elevado. Luego, mi mente ya entrenada se puso inmediatamente a pensar en los aspectos positivos de regalar el cuchillo. Pensé en la felicidad que irradiaba el guardia tras recibir un regalo magnífico. Luego pensé en cómo contaría a su familia y amigos que había recibido algo tan impredecible de un monje. Imaginé cómo se alegrarían por él. Me alegré mucho por aquel guardia. Cuanto más lo reflexionaba de esta manera, mejor me sentía. Incluso hoy, cuando recuerdo esta experiencia, me provoca una buena sensación. Ya ves, cuando tu mente se orienta hacia tu corazón, generas buena voluntad y, a su vez, te invade la alegría.

Comprensión empática

Buena parte del entrenamiento mental consiste en aceptar el crudo y frío hecho de que todos los seres vivos se enfrentan a problemas y a pérdidas. Puede que haya perdido mi navaja suiza, pero no he perdido mi corazón. La mayor pérdida de todas es perder tu corazón bondadoso. Puedes perder tu bondad y compasión si no reparas en la idea de que el sufrimiento que sientes es el mismo sufrimiento que padecen todos los demás. Recuérdate que, al conocer tu propio sufrimiento, conoces el sufrimiento de los demás. Esta cuestión es particularmente delicada cuando atraviesas momentos difíciles. Si aún no has desarrollado una mente fuerte y compasiva, careces de las herramientas internas para afrontar tu sufrimiento y puedes utilizar recursos como la autocompasión y la culpa. Sentirse víctima de los tiempos difíciles te lleva a un caso pésimo de GAS, que puede cegarte ante el dolor de los demás. Por eso es vital que comprendas profundamente que tu felicidad depende de que entiendas que tú y todos los que te rodean estáis surcando juntos estos mares tormentosos en el mismo barco. El infortunio puede hacerte GASEOSO, pero cuando creces en perspicacia, y en la verdad que esta proporciona, creces en comprensión empática.

Entrenar tu mente significa entrenar tu corazón. Desarrollar una conciencia profunda del valioso conocimiento del hecho de que estamos juntos en esto genera amor, bondad y compasión hacia todos. Al crear tu consideración habitual sobre esta verdad de la unidad, surge el valor para afrontar las dificultades de la vida. Desarrolla tu confianza y te incita a emprender acciones significativas para influir positivamente en los demás. En el fondo, cuando hablo de compasión, no me refiero solo a sentir el dolor de alguien, aunque eso forme parte de ella. No es solo empatía. Es ver más allá de la fachada y darse cuenta realmente de que todos sufrimos. La compasión es el acto voluntario de cuidar y compartir. Es la elección sincera de tratar a alguien con sensibilidad y ser para alguien lo que más necesita, basándose en su circunstancia.

Durante el punto álgido de la pandemia del COVID-19, la gente cantaba desde sus balcones para levantar el ánimo de los que estaban en cuarentena. No es más que una demostración clara de la inclinación que sentimos hacia la compasión. Que multitudes de personas animaran a sus exhaustos trabajadores sanitarios es un ejemplo de nuestra compasión innata. Si te resulta difícil reconocer el valor de tales actos, puede que hayas perdido de vista tu corazón bondadoso. Sin comprensión empática, tu mente puede volverse inestable e hipersensible. Puede que no comprendas del todo tu auténtica conexión con los demás y, en su lugar, sientas que te enfrentas tú solo a los momentos difíciles. Pensar solo en ti mismo provoca inestabilidad mental, tanto que un pequeño cambio en el entorno hace que te sientas descolocado emocionalmente; luego surge otro pequeño cambio y vuelves a estar feliz. Este tipo de inestabilidad o estado de cambio constante es lo que se entiende por «montaña rusa emocional». La mente y el corazón están unidos, igual que lo están el «yo» y los «otros». Tu mente influye en tu corazón, y viceversa.

Cuando te falta amor y compasión en tu vida, experimentas una gran dificultad mental y un sufrimiento muy doloroso. Hay un gran número de estudios psicológicos y médicos sobre el impacto prolongado del abandono de niños y bebés. A pesar de tener cubiertas sus necesidades básicas, los bebés a los que les falta cariño tienen una tasa de mortalidad más elevada. Los bebés que consiguen superar la desatención sufren a lo largo de su vida trastornos como aislamiento social, escaso control de los impulsos, dificultades para regular las emociones, dificultad para hacer frente a los problemas, baja autoestima, rabietas, desprecio hacia sí mismos y bajo rendimiento académico. De esta larga lista se desprende lo poderoso que puede ser cuidar y compartir. Con la práctica de este capítulo, puedes empezar a reflexionar acerca del sufrimiento de quienes te rodean, ya sea tu familia, tu comunidad, tus amigos o cualquier otra persona. Si lo haces con regularidad, empezarás a cultivar la compasión y, con el tiempo, el sentimiento del amor. Son muchos los que comprenden estos vínculos, pero no saben cómo poner en práctica la compasión. Esta práctica también te pide que te desprendas de cualquier idea errónea de que la meditación, o el entrenamiento mental, consiste en sentarte en silencio solo para tu propio beneficio.

La compasión necesita de sabiduría

Todo esto me recuerda a alguien cuya meditación sobre la compasión llamó la atención de los lugareños. En una pequeña aldea rural, se corrió la voz de que estaba de visita un meditador al que le apasionaba centrarse en la compasión. Durante días, el meditador permaneció sentado con las piernas cruzadas y los ojos cerrados en la plaza del pueblo, hasta que un día, un curioso le hizo una pregunta. «Ya que has pasado todo este tiempo centrado en la compasión, me pregunto: si tuvieras dos iPads, ¿le darías uno a alguien necesitado?». El meditador respondió: «Sí, por supuesto». De nuevo, el aldeano preguntó: «Si tuvieras dos ordenadores, ¿también regalarías uno de ellos?». Del mismo modo, el meditador respondió: «¡Sí, sin duda!». Todavía curioso, el hombre preguntó: «Y si tuvieras dos *smartphones*, ¿harías lo mismo con uno de ellos?». El meditador respondió inmediatamente: «¿Dos *smartphones*? No, no regalaría ninguno». Sorprendido por la repentina falta de caridad del meditador, el aldeano preguntó: «Has dicho que regalarías sin problemas uno de tus iPads y uno de tus ordenadores. ¡Normalmente son mucho más caros! Entonces, ¿por qué no darías tu *smartphone* a los más necesitados?». El meditador respondió: «Bueno, porque en realidad no tengo ni iPads ni ordenadores, pero sí tengo un par de *smartphones*». Es evidente que existen niveles de logros cuando se trata de practicar la compasión. Por lo visto, este meditador solo se había centrado hasta entonces en la compasión teórica, en lugar de en la práctica, pero por algún sitio se ha de empezar. En primer lugar, debemos iniciar nuestra práctica por lo más básico, el nivel de la mente.

Al principio, el entrenamiento en la compasión se realiza meramente en el nivel mental. El entrenamiento mental se materializa cuando entregas tu corazón a los necesitados. No obstante, cuando alcanzas este nivel, es imprescindible que utilices tu razonamiento analítico y tu capacidad de pensamiento crítico para evaluar si tu generosidad es hábil o no. Implicarse en prácticas centradas en el corazón sin utilizar la plenitud de tu intelecto entraña un peligro considerable. Es importante que tengas en cuenta la realidad de la situación. Cuando se trata de asuntos del corazón, no debes confiar plenamente en alguien, o en algo, sin antes aplicar el análisis. Cuando era profesor en la Universidad de Sera Jey, descubrí el peligro de tener compasión sin hacer uso de la sabiduría.

Una vez vino al monasterio un mendigo diciendo que su madre estaba en el hospital y que necesitaba ayuda económica para su tratamiento. Sentí mucha compasión hacia él, pero no estaba probada. Sin entrar en detalles, simplemente le di trescientas rupias y le dije que le ayudaría más adelante. Le animé a que llevara rápidamente a su madre al hospital y le dije que me trajera todas sus facturas, para que yo pudiera proporcionarle ayuda económica continuamente. Me dio su nombre y su dirección y se marchó. Al cabo de una o dos horas, una duda acuciante se apoderó de mi mente. Le dije a otra persona que fuera a comprobar si la información que me había dado era legítima o no. Tras otra hora, recibí una llamada telefónica en la que me confirmaban que me habían engañado, que el nombre y la dirección que me había dado el hombre no existían. También me dijo que ese hombre era un estafador muy conocido.

En aquel momento, me pregunté: «¿Cómo han podido engañarme tan fácilmente?». Por eso siempre debes indagar con mucho tacto en todas las cosas. Aunque me timaron, pensé: «Este hombre me ha servido de mucho porque he aprendido algo fundamental». En realidad, aprendí mucho de esta experiencia, que se me había escapado a lo largo de años de estudio de las enseñanzas sobre la importancia de la sabiduría y la compasión. Descubrí que el verdadero discernimiento es el resultado de utilizar no solo tu corazón bondadoso, sino también tu mente sabia. Si solo te dejas guiar por tu corazón, no tomarás decisiones inteligentes, equilibradas y sensatas. Por eso la experiencia de la vida real es tan valiosa. Nos permite dar un paso más allá de la práctica mental. Le estoy muy agradecido a ese estafador. Varios meses después, me encontré con él en algún sitio. Le conté lo mucho que me había enseñado y le agradecí la lección. Como ves, utilizar tu inteligencia es muy importante para practicar la compasión.

La compasión depende de un cierto análisis mental. Por eso el entrenamiento de la mente analítica y contemplativa incluye el entrenamiento del corazón. ¡Necesitas un corazón inteligente! Si te surgen dudas sobre la honradez de la persona que tienes delante, puedes no ser caritativo. Que des dinero o no, en realidad no tiene nada que ver con la práctica. Al contrario, ser debidamente servicial se convertirá en algo natural para ti cuando hayas alcanzado un nivel superior de práctica. Entonces podrás prescindir de todo ese análisis mental. Darás instintivamente lo que sea necesario sin pensarlo dos veces. Eso sí, se trata de un nivel de logro muy elevado. Y quiero avisarte: antes de que alcances la etapa de incorporar la sabiduría con la compasión, existe el peligro real de sentir remordimiento, como me ocurrió a mí cuando le di dinero al estafador. Podrías pensar: «¡Oh, me han engañado! No debería haber sido tan estúpidamente generoso». Esto podría empujarte a abandonar tu práctica. En esta fase inicial, es más importante generar compasión dentro de tu mente sin emprender acciones externas. De lo contrario, pueden surgir conflictos y malentendidos, que pueden interferir fácilmente con la comprensión que hayas generado mentalmente.

Mi padre lucha precisamente así. Solía discutir a menudo con mi madre. Desde que ha adoptado la práctica de la compasión, en lugar de ponerse a la defensiva, cerrarse en banda o replicar, ahora intenta prestar atención a lo que ella dice para poder comprender su punto de vista. Le da la oportunidad de hablar. Como resultado, las discusiones entre ellos terminan enseguida. La compasión empieza por dedicar tiempo y esfuerzo a comprender a los demás. A escuchar de verdad. Empieza por las personas que forman parte de tu comunidad, tus seres queridos y tus amigos. Debes entrenarte para estar atento al mundo que te rodea. Entrena tu mente para tener en cuenta, escuchar y comprender a los demás.

Compartir y cuidar

Para cuidar de verdad, debes tratar de comprender de dónde viene la otra persona. La escucha atenta y la consideración son fundamentales.

Recuerdo un incidente, cuando era profesor en el instituto monástico, en el que uno de mis alumnos adolescentes se volvió de repente inusualmente distante y muy descuidado con sus estudios. Dejó de prestar atención en el aula y acabó por saltarse las clases del todo. Cuando le pregunté qué le pasaba, permaneció serio y callado. Al principio lo atribuí a la angustia adolescente y no me detuve a pensar qué era lo que realmente le preocupaba. Me limité a reñirle por su mala actitud y su bajo rendimiento escolar. Eso provocó que se distanciara aún más, lo cual me preocupó, así que comencé a preguntar por ahí. Pasada una semana, descubrí gracias a un compañero que la razón por la que estaba tan decaído era que estaba angustiado por la vida de su madre. El adolescente confesó que le atormentaba haber presenciado cómo su padre golpeaba brutalmente a su madre en una visita reciente a casa. Los malos tratos eran tan graves que su madre había sufrido lesiones renales.

Comprendí que el hecho de recordar a su madre maltratada y su preocupación por su bienestar le impedían concentrarse en nada, y mucho menos en sus deberes. Al conocer su situación, volví a acercarme a él con compasión. Le llevé aparte y le pregunté amablemente si estaba preocupado por la situación de su madre. Al sentir mi sincera preocupación, rompió a llorar. A partir de ese momento, compartió conmigo sus emociones más dolorosas, lo que a su vez fortaleció mi corazón para cuidar de los demás. Aprendí mucho de aquella experiencia de compartir y cuidar. Me ayudó a comprender aún más la importancia de la comprensión compasiva. La compasión no solo es útil para los que sufren; también te ofrece la valiosa oportunidad de madurar emocionalmente y fortalecer tu corazón. Ayudar a los demás te ayuda a ti mismo.

Bondad y compasión

La compasión siempre roza la verdad más profunda de nuestra interconexión. Eleva nuestro espíritu humano. Ha habido hazañas históricas de compasión incluso en tiempos de grandes luchas. El libro de Viktor Frankl, *El hombre en busca de sentido*, destaca el valor de la atención y la bondad en medio del horrible sufrimiento de los campos de concentración de la Alemania nazi. Escribió que quienes sobrevivieron al campo de concentración recuerdan a los pocos individuos compasivos que decidieron consolar a los demás. Recordaban a los que daban su último bocado de pan a pesar de enfrentarse ellos mismos a la hambruna. El sacrificio que estos seres bondadosos mostraron confirma que la compasión es una elección eterna. Se clava en el corazón de la humanidad y resuena a través del tiempo. Frankl escribió: «Al hombre se le puede arrebatar todo, salvo una cosa: la libertad humana —la libre elección de la acción personal ante las circunstancias— para elegir el propio camino». Frankl, que fue él mismo superviviente de un campo de concentración, fue testigo de la naturaleza heroica de la humanidad. Contempló nuestra capacidad para elevarnos por encima de la apatía, tomar decisiones sabias, sofocar la irritabilidad y preservar la libertad de elección incluso en condiciones extremas de estrés. Por lo tanto, a pesar de las terribles circunstancias, se nos da la opción de elevarnos por encima de nuestras propias dificultades personales para cuidar sinceramente de nuestros semejantes. Si otros que se enfrentan directamente a su mortalidad pueden generar este nivel de bondad y compasión, ¡seguro que tú también puedes!

Solemos pensar que la compasión es algo que deberíamos sentir por las víctimas de las catástrofes del otro lado del mundo. De hecho, lo que ocurre a menudo es que las personas más necesitadas de nuestra ternura están justo delante de nosotros: nuestra familia, nuestros amigos, nuestros compañeros de trabajo y nuestra comunidad. Cuidar debidamente a otra persona empieza por escuchar, para comprender sus problemas y su punto de vista. Comprender es fácil cuando estás en la misma situación, pero todos tenemos puntos de vista y circunstancias muy diferentes. Empatizar verdaderamente con otro es un auténtico reto. Además, resulta especialmente difícil comprender a los demás cuando tu estado de ánimo es diametralmente opuesto al de aquél a quien intentas comprender. Aun así, la compasión siempre empieza por comprender la profundidad del sufrimiento ajeno. Empieza por los más cercanos.

No hace mucho, hubo un desabastecimiento de gasolina donde vivo. Mi hermano y yo necesitábamos combustible, así que fuimos a la gasolinera, donde tuvimos que hacer cola durante cuatro horas. Cuando por fin llegamos al surtidor, los empleados solo nos dieron unos quince litros de gasolina. Una vez repostamos, miré a las demás personas que seguían esperando y le dije a una de ellas: «Debe de ser muy duro esperar tanto tiempo para una cantidad tan escasa de gasolina». La persona contestó: «¡Uy, no, ahora es mucho mejor! Antes teníamos que esperar diez horas». Esto te demuestra cómo, a pesar de encontrarnos en la misma situación, las personas tendremos diferentes puntos de vista y, a veces, perspectivas contradictorias. Tener perspectivas diferentes es normal, así que esfuérzate por entender a los demás con empatía.

Como muchos de nosotros tendemos a encerrarnos en nosotros mismos y a proteger nuestro ego, no siempre es fácil escuchar lo que dicen los demás. Sobre todo, cuando alguien te critica. Reaccionas instintivamente con aversión y a la defensiva. Sin embargo, tu negativa a escuchar dificulta aún más las cosas. No se trata solo de escuchar lo que dice la gente; también tienes que estar dispuesto a reconocer que has entendido lo que te transmite, aunque te critique. A medida que vayas avanzando en tu práctica de inclinar tu mente hacia la comprensión compasiva, más crecerá tu fuerza interior y más capaz serás de tender tu corazón hacia quienes consideres desagradables. No solo te preocupas, sino que compartes su carga. No me refiero a compartir consejos no pedidos: compartes tu tiempo y tu atención, y te haces cargo de sus problemas. Cuando están molestos, intentas comprenderlos más a fondo acompañándolos al lugar oscuro. Una vez que compartes la comprensión, la compasión te impulsa a querer aliviar su sufrimiento. Entonces, cuando llegue el momento, ambos podréis sonreír.

Uno con el mundo

Estás en una relación con el mundo que te rodea. Eso significa que tu felicidad depende del bienestar de tu entorno. Cuando los que te rodean sufren, tú también. Y, sin embargo, la compasión universal, es decir, la compasión que comprende a quienes despreciamos y nos desagradan, ¡no es tarea fácil! Si fuera fácil, mostrarías preocupación y cariño por los conductores que te pisan los talones y te tocan el claxon, o por alguien que acaba de darte la espalda de forma grosera o te ha robado. Al principio, entrenar tu mente para desarrollar la capacidad de ser compasivo puede ser una ardua tarea. En parte, esa es el motivo por el que debes empezar por las personas más cercanas a ti. Empieza por ti mismo, tu familia, tus mascotas y tu comunidad. Cuanto más progreses en tu práctica de orientar tu mente hacia el cuidado y el compartir, más se fortalecerá tu fuerza interior y más capaz serás de tender tu corazón hacia quienes te resulten desagradables.

Durante la práctica, es imprescindible que seas consciente de la conexión que hay entre tu mente y tu corazón. Para entrenar adecuadamente tu mente debes cultivar un corazón que se preocupe y comparta. Recuerdo una vez que leí un artículo en el periódico sobre un reloj que funcionaba con la energía cinética de una persona. Me hizo preguntarme, ¿y si nuestro mundo funcionara con la energía de la compasión? ¿Cuánto mejor sería el mundo? A mi juicio, el mundo sería muchísimo mejor para todos. Por eso debes entrenar a tu mente para que valore a los demás seres. Cuando entrenas a tu mente de esa forma, reconoces tu unidad con el mundo y confías en ella. Descubriendo esta percepción, observas que el mundo refleja no solo tu mente, sino también la calidez altruista de tu corazón amable.

Cuando te transformas a base de potenciar una mente sabia y un corazón bondadoso, eres más feliz. Por su parte, las personas de tu círculo más cercano sienten alegría. Cuando las personas de tu círculo cercano son más alegres, tu comunidad empieza a reflejar esta felicidad. Lo creas o no, si mantienes el rumbo, el país entero no tardará en seguirte, y luego el mundo. Todos tenemos el potencial de erradicar el sufrimiento y fomentar la alegría verdadera, no solo para ti, sino para todos. Para ello necesitas desarrollar un modo de vida con sentido que alimente el crecimiento a través de la sabiduría y la compasión. Necesitas un método que te ayude a transformar tu forma de vivir. Un método probado y verdadero que promueva la comprensión, la integridad, la esperanza, la unidad, la presencia, la amabilidad y la coherencia. Ese método se detalla al final de este libro. Nadie tiene derecho a la felicidad, pero sin duda, mediante la determinación y la práctica del entrenamiento mental, puedes transformar tu mente en sabiduría y compasión. Puedes «vivir fuerte y feliz».

Reflexión

Cada otoño, un granjero araba su campo con sus bueyes en las laderas de las montañas. Por la tarde, soltaba a sus fuertes bestias para darles tiempo a pastar y reponer fuerzas. Mientras labraba la tierra a mano, sus bueyes desaparecieron. El granjero buscó por toda su propiedad, pero no pudo encontrar por ninguna parte a sus valiosos bueyes de labranza. Perderlos disgustó al granjero. Buscó fervientemente, adentrándose en las montañas. Enfadado, agotado y hambriento, decidió descansar bajo un árbol. Junto a él, encontró varios frutos de tinduka, que devoró hambriento. Sintiéndose hambriento, se dispuso a buscar el origen. Cerca de allí, vio un árbol de tinduka enraizado en un acantilado junto a una cascada que caía a un pozo cavernoso. Miró atentamente y vio un gran racimo de fruta colgando en lo alto del árbol. Confiando en su fuerza, trepó hasta la cima. Mientras trepaba, se rompieron varias ramas, haciéndole caer en picado al profundo estanque de agua que había más abajo. Cuando salió a la superficie, se dio cuenta de que no había salida. Estaba en un pozo profundo, así que lloró desconsoladamente. Al caer la noche, un ejército de mosquitos hambrientos lo atacó, agravando aún más su miseria. El desgraciado campesino pasó cinco días alimentándose del agua del estanque y de unas cuantas tindukas aplastadas y podridas que habían caído del árbol que había en lo alto.

Al sexto día, una hermosa mona visitó la tinduka para recoger algunos frutos. Al ver el lamentable estado del demacrado granjero que había debajo, aquella mona sintió compasión por aquel hombre. A ella nunca le hubiera gustado verse en semejante situación. «¡Parece que está en un aprieto, querido señor!», exclamó. «Sí, simio observador y fuerte. Mientras andaba buscando a mis bueyes, caí en este pozo. Temo que moriré de hambre si no salgo pronto». Sintiendo una inmensa lástima por el hombre, enseguida empezó a tirarle fruta para que comiera. «¡No te preocupes!», gritó. «¡Tiene que haber alguna salida!». Después de pensarlo mucho, dedujo que la única solución era bajar por el acantilado rocoso y subirle a caballito. Una vez allí, el hombre se dio cuenta de que pesaba mucho más que la pequeña simia. Aun así, se subió a su espalda, y ella avanzó lentamente por la traicionera ladera del acantilado. Fue una subida ardua y dolorosa. Escalar el acantilado agotó a la pobre simia, pero no se rindió y, aunque tardaron medio día, lograron llegar a la cima. Completamente agotada por la subida, preguntó al hombre si tendría la amabilidad de protegerla de los animales salvajes mientras dormía y se recuperaba. «Sí, por supuesto, prometo protegerte. Cualquier cosa por mi heroína. Descansa todo el tiempo que desees», le dijo.

Mientras la simia yacía profundamente dormida, el granjero tuvo una idea perversa. «No hay forma de que consiga salir de las montañas comiendo solo fruta. Necesitaré comer algo de carne para no perder la resistencia». Miró a la simia mientras yacía profundamente dormida, observando cuánta carne tenía en los huesos. «La vida de esta mona no importa tanto como la mía. Tengo una granja y la gente confía en mí». El granjero cogió una gran piedra para matar al mono, y acto seguido se la lanzó a la cabeza. En su estado de debilidad, no tenía puntería, así que rozó el cráneo de la simia, haciéndola levantarse de golpe para enfrentarse a su atacante. Miró a su alrededor y solo vio al granjero. Al principio, se quedó sin palabras ante la idea de que quisiera hacerle daño. Pero, puesto que era una criatura tan afectuosa, su asombro se transformó en profunda tristeza. «¿Cómo has podido hacer esto? Prometiste protegerme después de que te salvara de una muerte segura». El hombre se quedó inmóvil, temiendo que la simia le destrozara por su maldad. «Me has entristecido, granjero. Puede que yo te sacara de un agujero, pero tu mala acción te ha metido en algo mucho peor. En un pozo de crueldad».

El granjero se quedó allí temblando, inseguro de su destino. «Ven», dijo ella. «Te conduciré hasta el borde de la montaña y te mostraré el camino hacia tu aldea, pero tú debes ir primero porque no me fío de ti». El campesino, sin palabras, se sintió vencido por la rectitud de la simia. Después de mostrarle el camino de vuelta a la aldea, sus palabras de despedida fueron: «Gracias por la lección, granjero. Ahora te compadezco aún más que cuando estabas atrapado en aquel pozo. Sé que lo que haces vuelve a ti. Mi compasión volverá a mí, igual que tu fechoría egoísta volverá a ti».

Cuando te encuentras con alguien en apuros y sientes su dolor, la compasión hace que tu corazón se estremezca y te impulsa a querer acabar con su sufrimiento o disminuirlo. Aunque tu preocupación es una reacción humana impagable, la auténtica compasión también se deriva del cuidado de ti mismo. Parte de ser responsable de ti mismo consiste en reconocer la importancia de utilizar tanto la cabeza como el corazón. La compasión sin usar la cabeza puede convertirte en un tonto de gran corazón. La compasión debe incluir un discernimiento adecuado; de lo contrario, tu bondad sin criterio puede meterte en un buen lío, como le pasó a la mona. Por favor, utiliza siempre tu mente cuando hagas trabajar a tu corazón. Ten en cuenta todos los factores, incluidas aspectos como tus propias tendencias egoístas y las de los demás, así como el GAS, la interdependencia y la causalidad. Cuando utilices la sabiduría para discernir el curso de acción correcto, puede que te resulte más compasivo practicar el amor tenaz. ¡Ten un corazón inteligente! Así podrás determinar qué es realmente lo mejor.

Si observas una estatua de Buda, hay un aura a su alrededor. Su halo no es solo luz, sino que representa la energía positiva creada por la sabia compasión. La energía de la compasión es potente y te aporta beneficios mentales, físicos y espirituales a ti y a los demás. Cuando la compasión va acompañada de bondad, fortalece tu creencia de ser una persona bondadosa. La fuerza de una mente compasiva impulsa los actos de bondad. La compasión es algo que experimentas en tu interior; tiene la cualidad de la empatía, la simpatía y la preocupación. Puedes dirigir la compasión hacia fuera, hacia los demás, o hacia dentro, hacia ti mismo; en cualquier caso, es un estímulo para aliviar el sufrimiento. La bondad es un comportamiento que todo el mundo puede ver y contiene la cualidad de amabilidad, cordialidad, afecto y alegría. Lo extraordinario de esto es que cuando desarrollas y luego actúas con amor y compasión hacia los demás, recibes amor y compasión a cambio. Aunque es esencial que también pienses en ti mismo en estos supuestos, no dejes que te ciegue tu egoísmo.

Como bien recuerdas, hay muchas personas responsables de que tu papel higiénico esté en las estanterías de las tiendas. Cuando no consigues reconocer la importancia de tu dependencia de este mundo, dejas de ver a todos los seres como indispensables para tu existencia. Te ciegas ante el apoyo que te prestan los demás. Este tipo de ignorancia sobre la verdad te lleva a una actitud crítica. Sufres separándote del mundo y creando divisiones entre los que están bien o mal, los amigos o los enemigos, etcétera. Esta forma de pensar divisoria ahuyenta la compasión sabia y te hace sufrir celos, GAS, negatividad y emociones aflictivas.

Un antídoto contra la falta de compasión es contemplar el sufrimiento. No es necesario que reserves tiempo para dicha práctica contemplativa. Puesto que es un antídoto contra el problema de la falta de compasión, esta práctica debe realizarse en el momento en que te sientas indiferente o en el momento en que descubras que tu pensamiento egoísta está interfiriendo con los sentimientos de compasión. Empieza por reflexionar sobre tu propio sufrimiento. ¿Qué es lo que te causa sufrimiento?

¿Cómo te sientes? ¿Qué te haría sentir mejor? Deja que esta reflexión te despierte un sentimiento de comprensión y cuidado. Después, analiza con detenimiento el sufrimiento de alguien a quien tengas cerca; alguien como un familiar, una mascota o un amigo. ¿Sufren aflicciones de forma similar? ¿Qué crees que podría aliviar su sufrimiento? Una vez que comprendas lo que sufre alguien cercano a ti, prosigue con un vecino, luego con una persona neutral hacia la que no tengas grandes sentimientos. A continuación, con un enemigo hacia el que sí tengas grandes sentimientos, posteriormente con toda tu comunidad y, por último, con el mundo. Piensa en quienes están peor que tú en este mundo. Por ejemplo, si padeces una enfermedad en particular, ten en cuenta a las personas que padecen la misma enfermedad, pero que no tienen acceso a la atención médica o a los medicamentos adecuados. Amplía gradualmente tu círculo de comprensión empática cada vez más hacia el exterior, hasta que incluyas a todos los seres. Así, la reflexión sembrará en tu interior las semillas imperecederas de la sabia comprensión y la compasión. Si las pones en práctica una y otra vez, estas semillas crecerán y un día florecerán para convertirse en actos de verdadera bondad.

10

Preliminares para una práctica efectiva

Un soleado día de otoño, una gran colonia de hormigas secaba con esmero todo el grano que habían almacenado durante el verano. Al ver los enormes montones de comida brillando a la luz del sol, un saltamontes hambriento se ofreció a tocar una canción con su violín a cambio de un bocado.

—¿Por qué un trueque, saltamontes musical? Seguro que tienes comida almacenada —dijo la hormiga jefa. —Todavía no, pero hay tiempo de sobra para tan ardua tarea. En vez de eso, pensé que era más importante aprovechar el clima cálido del verano tocando mi violín y jugueteando en el campo repleto de flores silvestres. Tarde o temprano tendré que ponerme a recoger para el invierno —respondió el saltamontes.

—¿Cómo? —se sorprendió la hormiga—. Pronto llegará el invierno, ¿aún no tienes comida almacenada? Siento decírtelo, saltamontes, pero ya es demasiado tarde para que reúnas comida para todo el invierno. ¿En qué estabas pensando?

El saltamontes, preocupado, se retorció las manos. La colonia de hormigas dejó de hacer lo que estaba haciendo y miró al saltamontes con lástima.

—Lo siento saltamontes, solo tenemos lo suficiente para nuestra colonia.

Tras esto, las hormigas siguieron preparando su comida para almacenarla durante el invierno, dejando al ansioso saltamontes con su búsqueda de última hora para encontrar grano.

No dejes para mañana el entrenamiento mental

No puedes escapar de la responsabilidad del mañana evitándola hoy. Espero que no seas como el saltamontes, aplazando hoy lo que necesitarás mañana. Puede que sí seas como el saltamontes y quieras evitar una tarea ardua, postergándola porque te parece poco grata o difícil. O puede que te sientas incapaz de hacer tan monumental tarea, por lo que dejas que las dudas sobre ti mismo o la inseguridad te detengan en seco. Sin embargo, si te acostumbras a posponer la práctica del entrenamiento mental, tu impulso de retrasar la realización de esa tarea irá haciéndose más fuerte que el de pasar a la acción. Por desgracia, cuanto más se pospone hacer algo, más estrés se siente, lo cual agrava aún más la asociación negativa con esa tarea. Aplazar lo que es bueno para ti supone un verdadero perjuicio para ti mismo. El alivio a corto plazo de retrasar la tarea hace que la procrastinación sea especialmente insidiosa, porque puede dar lugar a un hábito insano de titubeo.

Puedes romper el hábito de la procrastinación reformulando la tarea mentalmente. Piensa en los aspectos positivos de lo que estás evitando. Por ejemplo, recuérdate a ti mismo alguna vez en la que hiciste algo parecido y salió bien. Por otro lado, recuérdate a ti mismo que no hay tiempo que perder, el invierno se acerca, así que no debes tardar. Acontecimientos tan terribles como la pandemia del COVID-19 llegan y se van, pero hay cierta sabiduría de gran valor en este tipo de sucesos que ponen en peligro la vida humana. Son un claro recordatorio de que tu vida es breve y algún día acabará. No dejes que la muerte sea como un examen para el que no estudiaste; ahora es el momento de hacer los cambios necesarios para poder llegar al final de tu vida sin remordimientos. Como ya hemos visto, el entrenamiento mental es una herramienta poderosa para ayudarte a hacer esos cambios y a gestionar el estrés y las dificultades de tu vida; este capítulo repasará algunos aspectos preliminares que te ayudarán a que tus sesiones de entrenamiento mental salgan bien.

La práctica comienza con un buen motivo

La preparación comienza con prácticas que te ayuden a comprender cómo utilizar y confiar en tu sabiduría y compasión innatas. Esto es muy importante. Algunos días la práctica mental irá bien. Otros días, parecerá que no puedes ni concentrarte ni desarrollar percepción ni perspicacia alguna. Cuando esto ocurra, deberás cambiar el enfoque de tu práctica contemplativa y empezar a analizar las razones que te mueven a practicarla. Para que el entrenamiento mental progrese bien, necesitas una intención altruista, que nazca del corazón. Por eso, antes de emprender una práctica de entrenamiento mental, debes tomarte el tiempo necesario para que tu intención sea buena. Crear una intención para tu práctica se llama «establecer tu motivación». Si un motivo se basa en el amor propio o el GAS, debes reajustarlo a una intención benévola. Es similar a la intención que estableces en tu día a día; cuando te cepillas los dientes, tienes la intención de hacerlo con cuidado, y esperas conseguir salud y bienestar. Si no te cepillas los dientes porque te estás volviendo descuidado, debes reestablecer tu motivación para que vuelva a basarse en el cuidado. Al entrenar la mente, la motivación para formar una mente sabia y un corazón bondadoso constituyen la base de una práctica fructífera. Precisamente por eso te invito a que tu motivación se base en los cuatro inconmensurables, un concepto fundamental en mi tradición. Estas cuatro actitudes puras son inconmensurables porque son deseos que alberga quien practica por innumerables seres que sienten. Cuando esas intenciones tan puras se proyectan hacia el exterior, ayudan a profundizar en la sabiduría de una persona y a abrir su corazón. Estas cuatro actitudes son el *amor inconmensurable,* a veces llamado *bondad amorosa;* la *compasión inconmensurable;* la *alegría solidaria* y compartida inconmensurable; y la *ecuanimidad* inconmensurable, o serenidad interior en equilibrio.

1. La *bondad amorosa* inconmensurable es el deseo de que todos los seres sensibles sean verdaderamente felices, sin excepción alguna. La bondad amorosa es similar al deseo puro que una madre o un cuidador cariñosos sienten hacia la vida de su hijo. Desean lo mejor para su hijo. Esperan el bienestar y la alegría de su hijo. Su amor es incondicional y está impulsado por un corazón abierto. Este tipo de actitud se dirige a menudo hacia las personas a las que sientes cercanas. La práctica del amor-bondad *inconmensurable,* sin embargo, te exige que amplíes tu esfera de verdadero cariño y compartas este tipo de intención amorosa hacia todos los muchos seres sensibles que existen.

2. La *compasión,* es un deseo sincero de que los demás no tengan que soportar las adversidades que entraña el sufrimiento. La compasión es similar al deseo sincero de una madre cariñosa o de un cuidador por su hijo enfermo. Empatizan con el sufrimiento de su hijo y sienten la esperanza más sincera de que se libere de la enfermedad y la angustia. La práctica de la compasión inconmensurable exige que los que la practiquen adopten esta actitud para querer reducir o aliviar la angustia ajena y la dirijan hacia todos los seres sintientes. Al hacerlo, no solo ahuyentas cualquier sentimiento de mala voluntad, sino que generas la habilidad de querer bien a las personas.

3. La tercera inconmensurable, la *alegría solidaria,* es una actitud de auténtico deleite por la felicidad de los demás. Es muy parecida a la que siente una madre cariñosa o un cuidador al ver que su

hijo tiene éxito en algo por lo que se ha esforzado mucho. Sienten como si compartieran el placer del triunfo de su hijo. Ser capaz de compartir la felicidad de la fortuna ajena contribuye a que desaparezcan las tendencias egoístas y contrarresta los celos. Este inconmensurable te pide que reconozcas, aprecies y compartas la buena fortuna y la alegría de otros seres.

4. El último de los cuatro inconmensurables, la *ecuanimidad,* es una actitud equilibrada entre la aversión y el aferramiento o el ansia. Es una actitud de equilibrio interior y se asemeja al sentimiento de confianza que siente una madre o un cuidador cariñosos por su hijo adulto cuando este demuestra madurez y capacidad para desenvolverse de forma independiente. La confianza en la capacidad de su hijo para afrontar las dificultades de la vida se traduce en tranquilidad interior y estabilidad emocional. Confían plenamente en la capacidad de su hijo para perseverar en las dificultades, por eso no ven con malos ojos su independencia y no sienten que sea necesario aferrarse a él. Este inconmensurable pide que el que lo practique genere el deseo de que todos los seres sensibles experimenten este tipo de equilibrio interior imperturbable y de imparcialidad serena.

Permanecer en calma para lograr la concentración

En el contexto de establecer una práctica formal de entrenamiento mental, una vez que hayas aclarado la cuestión fundamental de lo que impulsa tu práctica, puedes empezar una sesión de entrenamiento. Empieza con unos minutos de práctica shamatha, o de permanencia en la calma. En esta práctica meditativa te concentras en una cosa, como tu respiración, un sonido o un objeto real o imaginario, como una manzana, o quizá la imagen de un buda, si te apetece. Esta meditación focalizada calma tu mente y te ayuda a desarrollar la atención plena. Permanecer en calma es un ejercicio de calentamiento útil para preparar tu mente para acoger la sabiduría de otras prácticas contemplativas. Sin embargo, la práctica shamatha no debe confundirse con el entrenamiento mental. Para cambiar tu mente y desarrollar esa felicidad indestructible, también debes empaparte a fondo de los mensajes y percepciones que recibas, no solo centrar tu atención en algo. Todo descubrimiento beneficioso que el practicante genere a partir de las prácticas contemplativas debe, en definitiva, utilizarse a diario, pero solo en el momento en que el practicante esté preparado para ello. Actuar antes de tiempo podría perjudicar tu práctica, así que primero entrena el nivel de tu mente, en lugar de poner en marcha inmediatamente tu percepción, quizá de forma imprudente. Hay cuatro pasos fundamentales para entrenar bien la mente: un motivo sano, un enfoque fuerte, un análisis sabio y una acción compasiva. Como advertencia, no debes excederte; ve a tu ritmo y actúa con moderación. No seas como Sona, el de los pies delicados.

Ni demasiado tenso, ni demasiado flojo

Sona era hijo de un rico hombre de negocios que aprendió el valor de la moderación. Como vivía con tanto lujo, era un joven delicado y mimado. Este caballero se pasaba el día escuchando y tocando el laúd. Se rumorea que vivía rodeado de tanto lujo que no necesitaba utilizar los pies para desplazarse. Por eso le crecía pelo en las plantas de los pies. Un día, este hombre de pies delicados decidió dar un paseo por la ciudad. Mientras paseaba, oyó a un sabio que le hablaba de la importancia de no sentir apego por las cosas lujosas y mundanas. El sabio afirmaba que el desapego a los placeres mundanos es un medio para alcanzar la felicidad. Sona quería ser feliz, así que cada día recorría kilómetros para ponerse a practicar el desapego con aquel ser de luz. Estaba tan impacientemente entusiasmado por practicar para ser feliz que sus tiernos y delicados pies no tardaron en llenarse de grandes ampollas que supuraban de tanto caminar. Su deseo entusiasta le hizo anhelar más aún las comodidades terrenales. Justo cuando estaba a punto de abandonar su entrenamiento mental, el sabio le explicó a Sona sus problemas con la práctica. «Puesto que eres un músico al que le gusta tocar el laúd, me preguntaba si podrías decirme si conseguías tocar bien cuando el laúd estaba bien afinado».

«Oh, sí», respondió Sona. El sabio preguntó: «¿Y si las cuerdas estuvieran demasiado tensas?». «Entonces no podría tocar de ninguna manera, sabio», respondió Sona. El sabio volvió a preguntar: «¿Y si las cuerdas estuvieran demasiado flojas?». El ansioso estudiante respondió: «Tampoco podría tocar el laúd estando así».

«Espero que esto te sirva para comprender por qué no experimentaste esa felicidad al renunciar a los lujos mundanos, Sona», concluyó el sabio. «No puedes hacer que una melodía suene bien si las cuerdas están demasiado flojas o demasiado tensas. Deja de esforzarte tanto. Mantén una actitud relajada hacia la práctica, pero no aflojes». Sona volvió a intentarlo de nuevo y fue entonces cuando consiguió unos magníficos resultados.

Meditación con moderación

Por favor, no te extralimites en tu práctica. De lo contrario, corres el peligro de abandonarla por completo. Cuando se trata de meditación contemplativa o analítica, incluso la investigación debe hacerse con moderación. Indagar en la verdad de lo útil es vital, pero una vez que tengas una visión sólida de cómo son las cosas, detén la investigación y pon en práctica lo que has aprendido. No hay necesidad de insistir en examinar y reexaminar los puntos si ya has desarrollado la perspicacia, sobre todo si ya estás haciendo uso de lo que has aprendido. Evita enredarte como hizo el desconcertado recolector de manzanas de la siguiente historia.

A Ben «el desconcertado», le encantaba investigar. Era el tipo de persona que siempre sentía curiosidad por todo. Un día, Ben encontró trabajo recogiendo manzanas en un campo de manzanos. Cuando llegó al trabajo, su jefe le dio una cesta pequeña y otra grande y le dijo que pusiera las manzanas grandes en la cesta grande y las pequeñas en la cesta pequeña. Cuando el jefe volvió a verle al final de la jornada, ¡se sorprendió al ver que tanto el cesto grande como el pequeño estaban completamente vacíos! Enfadado, preguntó al hombre: «¡Te dije que pusieras las manzanas grandes en el cesto grande y las pequeñas en el cesto pequeño, pero los dos cestos están vacíos! ¿No has cogido ni una manzana?». Ben respondió: «Entendí perfectamente tus instrucciones. Me dijiste que pusiera las manzanas grandes en el cesto grande y las manzanas pequeñas en el cesto pequeño. Eso no supone ningún problema. Pero, verás, ¿qué pasa con las manzanas medianas? ¿Qué hago con ellas? Llevo todo el día haciéndome esa pregunta». Como ves, este es el problema que se plantea a la hora de saber dónde poner el límite a tanta investigación que uno hace. Al final, te puedes quedar sin nada, como Ben. Si lo único que haces es investigar, no hay margen para la aplicación práctica, y se corre el peligro de perder mucho tiempo. En otras palabras, no puedes limitarte a hablar por hablar; debes andar el camino. Este tipo de entrenamiento mental analítico es una práctica de transformación poderosa cuando se hace bien durante mucho tiempo. Define tu motivo, mantén la calma para centrar la mente, analiza el objetivo hasta completarlo y, después, incorpora a tu vida los conocimientos que hayas adquirido. Ponte a prueba, utiliza tu intelecto, persevera y ten algo de fe en el proceso. Cuando recorras el camino con una mente sabia y un corazón bondadoso, marcarás la diferencia en tu vida y en la de los demás.

Reflexión

Una vez, en una vida anterior, Buda nació siendo una diminuta codorniz. Tenía pies pequeños y alas diminutas. Aún no podía andar ni volar. Sus padres se esforzaron mucho construyendo un cálido nido para mantenerlo a salvo y acumulando comida para alimentar a su pequeño y precioso bebé. A lo largo de su juventud, intentaron que estuviera siempre abrigado, seguro y bien alimentado. Un día se desató un incendio en el bosque. Todos, excepto los padres de la pequeña codorniz, huyeron para ponerse a salvo. Eligieron quedarse y vigilar a su pequeño. Sin embargo, el fuego se acercaba demasiado y no tuvieron más remedio que volar con tristeza para ponerse a salvo. La pequeña codorniz se sentía muy sola. Observó cómo el incendio forestal que la rodeaba se descontrolaba. Su mente estaba abrumada por la impotencia. No podía volar, caminar ni hacer nada para salvar su cuerpo. «Lo único que me queda es mi mente», pensó. Así que utilizó su mente, evocando a sus padres altruistas, que generosamente lo alimentaron, lo mantuvieron abrigado, lo cuidaron y arriesgaron sus vidas para quedarse con él todo el tiempo que pudieron. Lleno de gratitud, el pajarillo les deseó todo lo mejor a sus amados padres. Fue entonces cuando ocurrió un milagro. Su deseo se fue haciendo mayor. Creció y creció, pasando de vida en vida, hasta que se convirtió en un buda con este pensamiento: «Que todos los seres que siguen atrapados en el fuego de la ilusión se liberen para siempre de las abrasadoras llamas del sufrimiento».

El sentido de esta historia es que un motivo sano es capaz de salvar el mundo. Cuando practicas los cuatro inconmensurables, estás generando un deseo sano: la esperanza de acabar con el sufrimiento. Cuando se practica con regularidad, este motivo puro crecerá con el tiempo, madurará y aportará beneficios inconmensurables a los seres inconmensurables, incluido tú mismo.

Para poner en práctica los cuatro inconmensurables, nada más despertar, siéntate erguido, pero de una forma que te resulte cómoda, y dedica unos minutos a practicar la permanencia en la calma. Concéntrate en tu respiración, contando cada respiración completa hasta llegar a contar veinticinco. Recita mentalmente, o en voz alta si lo prefieres, el primer deseo de los cuatro inconmensurables: *Que tanto yo como todos los seres tengamos felicidad y la causa de la felicidad.* Dedica un momento a reflexionar sobre tu deseo de bondad amorosa. Piensa en el deseo que una madre cariñosa o un cuidador tiene para su hijo amado; el deseo de que sea bendecido con el amor incondicional y la aceptación genuina de los demás. Haz extensible esta actitud a todos los seres sensibles y a ti mismo. Recita el segundo deseo: *Que tanto yo como todos los seres nos liberemos del sufrimiento y de la causa del sufrimiento.* Detente un rato a reflexionar sobre tu segundo deseo compasivo. Piensa en el deseo que tiene una madre o un cuidador cariñoso por el bienestar de su querido hijo: la esperanza más ferviente de que su hijo enfermo mejore. Amplía este deseo de compasión a todos los seres sensibles, incluyéndote a ti mismo. Luego recita el deseo del tercer inconmensurable: *Que ni yo ni todos los seres nos desvinculemos nunca de la felicidad suprema, que carece de sufrimiento.* Dédicale un poco de tiempo a meditar sobre el tercer inconmensurable, la alegría compasiva. Imagina el deseo que una madre cariñosa o un cuidador tiene para su hijo adorado, la esperanza de compartir la alegría del triunfo y la buena fortuna de este. Extiende ese deseo solidario a todos los seres sensibles, incluido tú mismo. Recita, por último, el deseo para el cuarto inconmensurable: *Que tanto yo como todos los seres permanezcamos en una ecuanimidad sin límites, libres del apego y de la aversión.* Dedica un momento a meditar sobre tu cuarto deseo. Recuerda la confianza plena de una madre o de un cuidador en la capacidad de su hijo adulto para hacer frente a las dificultades de la vida, de tal modo que resulte en un equilibrio interior inquebrantable. Haz extensible este deseo de ecuanimidad a todos los seres sensibles, incluido tú mismo. Lleva siempre contigo la actitud sana de los cuatro inconmensurables.

11

Práctica: Pautas para
el entrenamiento mental

Lo que sigue a continuación son las pautas para establecer tu práctica de entrenamiento mental. Cuando empieces, comienza por reservar unos veinte minutos o más dos veces por semana para practicar. Intenta asociar esta práctica a algo que ya hagas habitualmente. Esto te facilitará la creación de un nuevo hábito. Por ejemplo, intenta practicar al despertarte por la mañana o antes de acostarte.

Lo ideal es que encuentres un lugar tranquilo en el que practicar. Siéntate erguido y con la espalda recta, pero relajado. Recuerda mantener el cuerpo, la mente y la propia práctica ni demasiado tensos ni demasiado flojos —como las cuerdas de un laúd.

1. Establece una motivación sana

Teniendo en cuenta la impermanencia y la interdependencia de ti mismo y de todos los seres conscientes, piensa en el desarrollo de una mente sabia y un corazón bondadoso como si se tratara de tu objetivo más ambicioso. Desarrolla un deseo sano hacia todos los seres sensibles, incluyéndote a ti mismo, basado en los cuatro inconmensurables, que son (1) bondad amorosa, (2) compasión, (3) alegría solidaria y (4) ecuanimidad.

1. Que tanto yo como todos los seres tengamos felicidad y la causa de la felicidad.

2. Que tanto yo como todos los seres estemos libres del sufrimiento y de la causa del sufrimiento.

3. Que ni yo ni todos los seres nos desvinculemos nunca de la felicidad suprema, que carece de sufrimiento.

4. Que tanto yo como todos los seres permanezcamos en una ecuanimidad sin límites, libres tanto del apego como de la aversión.

2. Desarrolla el enfoque

Practica brevemente la meditación de permanencia en la calma para centrar tu mente. Cuenta tus respiraciones, contando la inhalación y la exhalación como una respiración completa, hasta veinticinco, y repite. Cuando tu mente divague, redirígela delicadamente de nuevo a tu respiración. Contar en voz alta te ayudará si estás demasiado distraído. Hazlo hasta que tu mente esté relativamente en calma; te sugiero que lo hagas durante unos cinco minutos.

3. Análisis sabio

Haz una sesión de entrenamiento mental contemplativo en el siguiente orden:

1. Dedica un rato a leer uno de los ocho puntos y sus comentarios correspondientes del siguiente capítulo de este libro. Pon en práctica estos puntos en orden secuencial, uno por sesión.

2. Vuelve a dirigir con suavidad tu mente a la reflexión sobre ese punto si se desvía.

3. Contempla cada punto hasta completarlo. El tiempo que dediques a reflexionar sobre un punto depende totalmente de ti, pero se aconseja que no sea inferior a diez o quince minutos.

    • Reflexiona acerca de los beneficios emocionales y mentales que se producen al pensar o sentir de esta forma.

- Considera qué desventajas tiene no pensar o sentir de esta forma.
4. Confía en tu mente y escúchala para que te aporte la percepción necesaria para una transformación sana.

4. Acción compasiva

Aplica lo que has aprendido poniéndolo en práctica en tu vida cotidiana. No olvides practicar primero en el plano mental; las acciones compasivas llegarán cuando tu práctica haya alcanzado cierta madurez. ¡Esto es muy importante!

Si te sirve de ayuda, lleva un diario de meditación en el que reflejes lo que has aprendido.

12

Práctica: Versos para desarrollar una mente sabia y un corazón bondadoso

L os siguientes versos para entrenar la mente son mi propia interpretación moderna de los *Ocho versos para entrenar la mente* del
maestro tibetano Gueshe Langri Tangpa. Los versos originales
son muy conocidos en el budismo tibetano. Los ocho puntos que aquí
se exponen están pensados para ser meditados, y ofrecen un poderoso
método transformador para transformar una actitud infeliz y egoísta
en una alegre, generando sabiduría y compasión en tu corazón y en tu
mente. Este mundo moderno está muy centrado en lo que es mejor solo
para el individuo, aunque sea a expensas de los demás. Por eso el objetivo de estos puntos es disuadir la típica preocupación por uno mismo
y fomentar la consideración y preocupación por otros seres conscientes
por igual. Es fundamental que medites sobre estos puntos siguiendo las
instrucciones que te proporcionamos en el capítulo anterior y que los
tengas presentes a lo largo del día. No es necesario que actúes de acuerdo
a estos versos, sino que generes en primer lugar una actitud altruista en
el plano de tu mente. Ninguna de las prácticas de estos versos podrá
perjudicarte, aunque sí lo hará el ego exagerado. Así que, si notas cierta
incomodidad, es señal de que tu práctica va bien. Como te interpones
en el camino de tu propia felicidad, este método te permitirá apartarte

de tu propio camino para que puedas experimentar directamente una transformación positiva.

1. Cada ser sintiente tiene un valor incalculable para ti porque es a través de ellos como puedes generar una disposición mental y emocional madura y sana.

Quieres ser feliz y estar libre de sufrimiento, pero ¿cómo se consigue algo así? Irónicamente, no es algo que ocurra cuando persigues únicamente tu propia satisfacción. Eres un ser que está en constante relación porque dependes de este mundo y de otros seres sensibles. ¿No es lógico que este aspecto principal de tu dependencia también desempeñe un papel en tu felicidad? Para entenderlo de verdad, antes debes desarrollar cierta sabiduría sobre cómo son las cosas. Vuelve a recordar el conocimiento preciado sobre tu interdependencia. Date cuenta de que dependes de este mundo para todo, y de que el mundo depende de ti. Deja de lado la perspectiva que está basada únicamente en ti mismo, en lo que quieres y en lo que los demás pueden hacer por ti. Si alguien hace cosas buenas por ti, es tu amigo y estás satisfecho; si te hace cosas malas, es tu enemigo y estás insatisfecho. Los juicios de este tipo te llevan a subirte a una montaña rusa emocional. Siempre encontrarás una mezcla de comportamientos agradables y desagradables. Deja que sea una gran oportunidad para madurar y fortalecer tu mente y tu corazón. Por eso, lo mejor es tratar a todo el mundo como un ser digno de tu bondad, *especialmente* a quienes te hacen sentir celos, ira o antipatía. Puesto que estas emociones tan perturbadoras habitan en tu mente, puedes aprender a ejercer cierto control sobre ellas. Entrenar a tu mente para que piense así sobre los demás puede parecerte incómodo porque atenta directamente contra tu propia naturaleza. No obstante, gracias a los demás, puedes transformar la negatividad mental y emocional en alegría generando buena voluntad. Tener esta intención, o motivación, de ser genuinamente afectuoso y bondadoso, y de beneficiar a los demás, es motivo de felicidad. Eso es lo que confiere tanto valor a los demás seres. Es a través de ellos como puedes generar un estado mental sano y un gran corazón bondadoso.

2 Para poner fin a tu engañoso egoísmo, humíllate imaginándote por debajo de todos los demás seres sensibles.

Cuando estás rodeado de otros, probablemente te encuentres comparándote con ellos. ¿Quién sale ganando? ¿Compartes tus conocimientos y hablas de tus logros y aventuras para aumentar tu ego? Ahora que sabes lo importantes que son los demás para tu bienestar, resiste la tentación de dejarte llevar por tus tendencias egoístas. Sin embargo, revertir tu naturaleza egoísta para que puedas adoptar un enfoque más sano y humilde de la vida requiere una conciencia vigilante y un trabajo duro. Incluso los monjes entrenados para prestar un servicio desinteresado tienen dificultades para hacerlo. Un día, dos monjes mayores discutían sobre quién tenía más conocimientos y podía ayudar más a la gente. Un monje joven oyó por casualidad esta tonta discusión y dijo: «¡Un gusano que no compite tiene más conocimientos que cualquiera de vosotros!». Aquello puso fin a la discusión. Incluso hay monjes que se enorgullecen de ser los más veteranos, de modo que comparan su edad y sus años de práctica con los de otros monjes.

Es esencial que analices los aspectos en los que manifiestas un mayor sentimiento de orgullo. Tu arrogancia, superioridad y naturaleza competitiva entorpecen el crecimiento necesario para avanzar por el camino de la alegría. Para avanzar hacia la liberación del sufrimiento, aprovecha toda interacción como una oportunidad para madurar mental y emocionalmente. Visualízate por debajo de otros seres conscientes, incluso siendo inferior a un gusano, que en cierto modo es más inocente y menos conspirador que tú. Puede que al principio esto hiera tu ego, pero es eso lo que quieres que ocurra. Realmente, no es que te esté ocurriendo nada grave. Se trata de un ejercicio mental, y tu sentido condicionado de superioridad se está poniendo en tela de juicio. A medida que tu mente se abra a la idea de que no eres mejor que los demás, menos ego saldrá herido. Poco a poco te harás más sabio gracias a la humildad. Desarrollarás una comprensión más compasiva hacia los demás y, como resultado, adoptarás una actitud más sana.

3 Vigila en todo momento a tu mente en busca de autocomplacencia y GAS. En cuanto lo detectes, etiquétalo y aplica activamente el antídoto.

¿Cómo te sientes cuando estás enfadado o celoso? Esas emociones negativas y destructivas son perturbadoras tanto para ti como para los demás. Pueden provocarte una actividad mental, física o verbal insana que puede tener consecuencias devastadoras. Es imprescindible que te mantengas alerta ante tu naturaleza egoísta y tu GAS. Detrás de todas las emociones destructivas está el egoísmo, el pensamiento «yo», «mi», «mío» antes que cualquier otra cosa. Por lo tanto, mantente atento a lo que sientes y a cómo te comportas, y luego aplica el antídoto a la primera señal de pensamientos egocéntricos o GAS. Por ejemplo, si al mirar tus redes sociales sientes envidia de los logros de tus amigos, cierra inmediatamente la sesión de tu cuenta. Así evitarás que la emoción que te aflige te impulse a comportarte o a pensar de una forma de la que luego te arrepentirás.

Cuando veas las noticias, si reconoces que estás desencadenando ira hacia un partido o político concreto, apágalas. La política tiene la capacidad de agitar a la gente. Hace que la gente se pregunte si los políticos están utilizando su cerebro, y si quizá necesitan uno mejor. Es broma, por supuesto; pero lo que no es broma es la ira que sientes por esas personas. En el momento en que empieces a sentirte agitado, distrae inmediatamente tu atención. Vigila tus pensamientos egoístas y tus emociones reactivas. Si sientes la más mínima irritabilidad, quédate quieto como un árbol, no digas ni hagas nada más que concentrarte en tu respiración, y luego aplica los antídotos. Los antídotos son los siguientes:

Egoísmo: Considérate por debajo de los demás seres.

Codicia: Concéntrate en lo que tienes, no en lo que te falta.

Ira: Desvía tu atención hacia la respiración y/o mira hacia arriba y hacia el cielo. Con cada exhalación, imagínate soltando toda esa agitación en el cielo abierto y receptivo.

Estupidez o Ignorancia: Recuérdate que nada dura para siempre y que todo cambia.

4 Cuando te encuentres con personas crueles o desdichadas, niégate a endurecer o debilitar tu corazón. En lugar de eso, considera a esos seres que sufren como valiosos y que necesitan desesperadamente tu compasión.

¿Evitas o ignoras los encuentros con personas que te resultan desagradables? ¿Te consideras mejor que ellos? ¿Son indignas de tu atención compasiva? ¿Cómo te sientes cuando ves un campamento de indigentes o a alguien pidiendo dinero en la calle? Me parece que, aparte de querer un hogar, a personas sin hogar les gustaría que les trataran con respeto y amabilidad. Tienen una historia que contar y quieren que se les escuche. Necesitan desesperadamente comprensión y compasión. Sin embargo, muchos evitan a los indigentes, como si fueran invisibles. Tendemos a evitar a las personas abrumadas por la negatividad o el sufrimiento porque estamos demasiado ocupados pensando en nuestro propio bienestar. Hay ocasiones en las que es sensato mantenerse alejado de las personas que podrían perjudicarte o herirte, por supuesto, pero no suele ser eso lo que haces. Esta actitud evasiva surge de un sentimiento de superioridad que, con el tiempo, debilita tu corazón. Cada vez que te alejas de las personas que te desagradan, corres el riesgo de insensibilizarte. Estas personas nacieron siendo inocentes, igual que tú, pero con el tiempo se enfrentaron a dificultades y tragedias que los llevaron a comportarse de formas que tú consideras desagradables. Lo mismo ocurre con quienes actúan de forma cruel o injusta. Estas personas fastidiosas son de gran valor para tu crecimiento. Desafían tu fortaleza, porque la paciencia no es paciencia a menos que se ponga a prueba. Por tanto, la adversidad que puedes encontrar al tratar con personas difíciles es como un entrenamiento de fuerza. Te ofrece la oportunidad de desarrollar el músculo de tu mente y de tu corazón. Cuando consideras a las personas complicadas tan valiosas como piedras preciosas, eres capaz de generar gratitud cuando te encuentras con ellas —o por lo menos un sentimiento de aceptabilidad, porque es como hacer ejercicio gratis en el gimnasio. La adversidad es una oportunidad inestimable para entrenar tu mente y alejarla de la preocupación por uno mismo y dirigirla hacia la construcción de la resiliencia interior. Con una práctica regular aprenderás a manejar las situaciones que desafían tu ecuanimidad, transformando tu irritabilidad en afecto. Recuerda que trabajas con la mente; no es necesario que te involucres verbal o físicamente, sobre todo si te sientes amenazado.

5 Si no reaccionas ni te ofendes por el trato inapropiado, no responderás de la misma forma poco amable. Acepta mentalmente la derrota y concédeles la victoria.

Este es uno de los puntos más críticos de todos. También es muy difícil de hacer. Cuando la gente te lanza críticas o insultos poco amables, ¿te pones inmediatamente a la defensiva y te enfrentas o huyes? Es la reacción típica. La gente tiende a la autoprotección continuamente. Sin embargo, esta práctica desafía a esa parte de ti que está apegada a tus creencias sobre ti mismo. Te pide que sigas siendo humilde incluso bajo un ataque verbal y dejes que tu atacante gane la batalla. De ese modo, no sucumbirás al mismo comportamiento desagradable, sino que elegirás la paz. Esto no significa que debas ser como un felpudo. Si te han tratado mal y eso supone una pérdida real, tienes derecho a buscar justicia. Una vez, por ejemplo, tuve un alumno al que estafaron una cantidad importante de dinero. Me preguntó si debía asumir la pérdida o recurrir a los tribunales. Le dije que esta práctica es algo que se hace con la mente. Si el ataque no es solo verbal sino físico, entonces es más sabio y compasivo protegerse. El sentido de asumir la pérdida es desafiar tu apego a ganar. Toda tu vida has soñado despierto con ganar y has sentido el aguijón de la decepción. Aun así, sigues soñando con cosas como tener un coche bonito, o una casa hermosa, ropa estupenda y artilugios caros, pero ¿con qué frecuencia piensas en que otros ganen esas cosas bonitas? Esta práctica de entrenamiento mental te insta a dejar de ser el mandamás. A nivel mental, deja que la otra persona se lleve el éxito y permítete a ti mismo liberarte del estrés.

6 Piensa en la traición de personas en las que has tenido depositadas esperanzas y a las que has ayudado como un medio para poner en práctica la sabiduría y la compasión. Considéralos como grandes maestros espirituales.

Cuando te has acercado a una persona a la que has ayudado, como un familiar, un amigo o un compañero de trabajo, ¿qué sientes cuando de repente te traiciona? Probablemente sientas rabia hacia esa persona porque no te agradece todo lo que has hecho para ayudarla. Duele cuando personas en las que confías te devuelven tu amabilidad con un trato desagradable. Además, cuanto más los quieres, más duele. La mayoría de la gente reacciona ante esta situación retirándoles el amor y reemplazándolo por dolor o incluso odio. Pero al hacerlo, cometes un grave error y recurres al amor basado en el deseo.

En mi monasterio, Thangkar Dechen Choling, comprendemos el verdadero reto que supone que tu amor y tu compasión sean incondicionales. Facilitamos alojamiento, vivienda y educación gratuita a muchos huérfanos. Tanto el personal como yo trabajamos incansablemente para alimentarlos, cuidarlos, educarlos, apoyarlos y criarlos. Es un trabajo difícil. Muchas veces, el equipo pasa noches en vela cuidando a niños enfermos. Cambian las sábanas sucias, limpian los vómitos y los consuelan en todo momento. Aunque estos huérfanos están en desventaja, algunos de ellos son excelentes estudiantes y muestran su compromiso incondicional con el camino. Todos depositamos una esperanza enorme en los que muestran más entusiasmo. De vez en cuando, uno de estos huérfanos en los que teníamos puestas nuestras esperanzas huye. En consecuencia, todos nos sentimos conmocionados y consternados. Ante momentos así, es crucial que no cedamos a la negatividad reactiva. Somos conscientes de que se está poniendo a prueba la fuerza de nuestros corazones amorosos. Entonces, ¿cómo superamos la prueba? Transformamos la negatividad en positividad, que es lo que debes hacer cuando te enfrentes a lo mismo. Reconoce mentalmente a tu «traidor» como un gran maestro espiritual que está poniendo a prueba tu determinación para seguir el camino de la sabiduría y la compasión. Viéndolo así, comprenderás que están contribuyendo a que tu corazón y tu mente se fortalezcan y maduren. Te ayudan a cultivar la paciencia y la compasión. Incluso puedes convertir a tus enemigos en amigos mediante esta herramienta.

7 Cuando te encuentres con seres que sufren, considéralos seres de gran valor para tu práctica. Imagina en secreto que absorbes su dolor y les das un antídoto contra lo que les perjudica.

En el capítulo cinco realizaste la práctica del *tonglen,* o dar y recibir. Este ejercicio de visualización te ayuda a no caer en pensamientos autoobsesivos para que puedas empezar a generar compasión por los seres conscientes que encuentres y que muestren dolor y miseria. Esta práctica no es solo algo que se hace mientras meditas. Puedes desarrollar al instante una práctica de dar y recibir cuando te cruces con quienes están sometidos al sufrimiento de la actividad en tu vida cotidiana, ya sea cerca o lejos. Por ejemplo, supón que te enteras de que alguien a quien conoces en el trabajo está luchando contra una enfermedad. En ese caso, puedes imaginarte tomando el virus, transformándolo dentro de ti, y luego dándole anticuerpos útiles para su curación. Como precaución, es esencial evitar que esta práctica sirva para reforzar tu ego. No desarrolles un complejo de salvador. Como se trata de un ejercicio mental, en realidad no estás aliviando el sufrimiento de nadie. Sencillamente imaginas que lo haces para que crezca la semilla de tu compasión y se elimine el egoísmo. Esta práctica puede causar incomodidad, puesto que desestabiliza tu apego a los impulsos egoístas y te ayuda a madurar. Cuanto mejor practiques el *tonglen,* más ganarás. Para ayudarte con estos problemas de madurez, recuérdate a ti mismo que no estás consumiendo realmente su sufrimiento. Solo estás visualizando la eliminación del sufrimiento para hacer crecer tu corazón. Si se hace bien, esta práctica resulta empoderante, no perjudicial. Empieza con las personas que te importan, luego pasa a aquéllas por las que sientes una actitud neutral y, por último, pruébalo con los seres conscientes que te desagradan. No soy muy amigo de los cocodrilos. Sin embargo, la práctica de dar y recibir ha conseguido que me desagraden un poco menos.

8 Basa esta práctica en la sabiduría y la compasión, no en el ansia y la aversión. No te apegues a lo que tu mente ha creado ni etiquetes a las cosas independientes como buenas o malas; tómalas como ilusiones que pueden ayudarte a desarrollar la alegría.

Contempla si estás practicando el entrenamiento mental para desarrollar la sabiduría y la compasión, o si tienes una intención más egoísta al entrenar tu mente, con el fin de obtener algo bueno o evitar algo que te resulta adverso. Como ya sabes, el precioso conocimiento de nuestra dependencia mutua te ayuda a ver que todo está conectado, de forma que esforzarte en tu propio beneficio no tiene sentido. ¿No sería mejor generar una intención encaminada a honrar tu interconexión comprometiéndote responsablemente en el mundo? El mundo es una experiencia fugaz, algo que sabemos porque nada dura para siempre y porque es algo que encuentras a través de tu mente. También eres consciente de que factores como el estado mental GASEOSO, los recuerdos profundamente condicionados, el autoengaño y el ensimismamiento contribuyen a un punto de vista negativo. Por el contrario, la esperanza, el alivio propio, la determinación, la comprensión de la verdad, el cuidado y el compartir generan una perspectiva positiva. Aunque la gente ha etiquetado las cosas de tal manera que hemos compartido términos en los que todo el mundo puede estar de acuerdo -todos sabemos lo que es un «reloj» o una «casa» —cada persona percibe y juzga estas cosas de forma única. Este juicio se basa en los encuentros, pensamientos, sentidos, sentimientos, percepciones y conciencia de cada individuo. Hay muchos factores, causas y condiciones que influyen en tu punto de vista sobre lo que es «bueno» o «malo». Teniendo en cuenta todas estas variables, la existencia es más bien una proyección mental o un sueño si se analiza. Cuando eres consciente de que estás en algo similar a un sueño, puedes disfrutarlo. Sabes que el sueño puede resultar aterrador a veces, pero, en realidad, no puede hacerte daño a menos que se lo permitas. Pensar así es liberador porque te ofrece dos canales entre los que puedes alternar. Eres consciente tanto de la apariencia de las cosas a primera vista, como de la verdad más profunda de cómo son realmente: nuestra dependencia mutua. De cualquier modo, tu percepción ha sido creada por tu mente. Procura entrenarla para que disfrutes de una vida beneficiada por una mente sabia y un corazón bondadoso. Esto te permitirá vivir con fuerza y felicidad.

13

Práctica *para llevar*

En cuanto te encuentres con un problema, no te limites a reaccionar, actúa. ¡Elige la alegría! La siguiente práctica condensada de entrenamiento mental es una de las que puedes memorizar y llevar contigo para ponerla en práctica en cualquier lugar, en cualquier momento, siempre que te encuentres con alguna dificultad.

1. **Motivación sana.** Recuerda tu interdependencia y los deseos basados en los cuatro inconmensurables: bondad amorosa, compasión, alegría solidaria y ecuanimidad.

2. **Enfoque firme.** Observa brevemente la inhalación y exhalación de tu respiración de forma natural para centrar tu mente.

3. **Análisis sabio.** Investiga qué es problemático y por qué. ¿Te preguntas «por qué a mí»? ¿Es tu ensimismamiento o GAS la causa del problema? ¿Qué has aprendido de este libro que pueda ayudarte a resolver el problema en este momento?

4. **Acción compasiva** Tras un pequeño análisis reflexivo del problema, utiliza una de las soluciones útiles que hayas aprendido en tu práctica de entrenamiento mental. En la vida todos tenemos la opción de reaccionar impulsivamente o actuar conscientemente. Si te sientes frustrado con alguien, puedes elegir entre enfadarte o actuar con compasión. Fíjate en su sufrimiento e imagina que asumes la derrota y le das la victoria. Resístete a reaccionar y, en su lugar, elige considerar que es un gran maestro espiritual que

pone a prueba tu determinación de mantener el corazón abierto. Cuando te enfrentas a dificultades, puedes actuar egoístamente, hacer la vista gorda ante tus problemas y caer más profundamente en sla ignorancia, o bien puedes alinearte con una visión compasiva, actuar con sabiduría y acercarte al despertar. Cuando aprendes a elevarte con sabiduría por encima de tu naturaleza egoísta y actúas genuinamente preocupándote por la felicidad y el bienestar de los demás, tu mente y tu corazón se abren a la alegría.

«Mis múltiples aspiraciones han dado lugar a humi-
llantes críticas y sufrimientos, pero, al haber recibido
instrucciones para domar el concepto erróneo del
"yo", aunque tenga que morir, no me arrepiento de
nada».

—GESHE CHEKAWA

Agradecimientos

En este mundo interdependiente, todas las cosas dependen de otras para existir. Hay muchas personas a las que debo mi gratitud, pues este libro no existiría si no fuera por ellas.

En primer lugar, me gustaría expresarte mi agradecimiento a ti, lector. Sin ti, no tendría sentido escribir este libro. Y, por supuesto, este libro no existiría si no fuera por las muchas personas afiliadas a Wisdom Publications.

Agradezco de todo corazón al Dr. Nicholas Ribush, uno de los fundadores de Wisdom Publications, que me ayudara a abrirme las puertas de esta maravillosa editorial. Una vez abiertas las puertas, Paloma García, del Centro Budista Tara, organizó una reunión con Daniel Aitken, director general de Wisdom Publications. Sin la ayuda de Paloma y Daniel, este manuscrito podría haber permanecido en una pila junto a otros manuscritos, acumulando polvo. Gracias a su apoyo, llegó a manos de la directora de edición y producción de Wisdom Publications, Laura Cunningham. Fue ella quien vio el potencial de esta obra, un potencial que no existiría sin los miembros del equipo del Instituto Dipkar para el Vajrayana, Sandy Pham, Tatiana Friar, Jules Jallab y Jill Walter. Mi equipo de Dipkar, que me ayudó con la organización, la investigación y el desarrollo. Una vez acabado, el editor de desarrollo Philip Rappaport y la editora de Wisdom Publications Brianna Quick me ayudaron a pulir el manuscrito.

Agradezco enormemente la colaboración de todos y cada uno de los que han hecho posible este libro.

Referencias

Begley, Sharon, «The Brain: How the Brain Rewires Itself». *Time*. 19 de enero, 2007. https://content.time.com/time/magazine/article/0,9171,1580438,00.html.

Train Your Mind, Change Your Brain. Nueva York: Penguin Random House, 2007. Trad. Cast., *Entrena tu mente, cambia tu mente*, Ed. Norma, 2008.]

Bonneh, Y.S., A. Cooperman, y D. Sagi, «Motion-Induced Blindness in Normal Observers». *Nature* 411.6839: 798–801. doi:10.1038/35081073.

Cerretani, Jessica, «The Contagion of Happiness. Harvard Researchers Are Discovering How We Can All Get Happy». *Harvard Medicine* (verano 2011). https://magazine.hms.harvard.edu/articles/contagion-happiness.

Fifer, Jordan, «Statistics Expert Says Consider the Odds Ahead of Friday's Mega Million Lottery». *Virginia Tech News*. 28 de julio, 2022. https://news.vt.edu/articles/2022/07/mediarelations-lotteryjackpot.html.

Frankl, Viktor E., *Man's Search for Meaning: An Introduction to Logotherapy*. Boston: Beacon Press. [Trad. Cast. El hombre en busca del sentido. Herder, 2015.]

Heruka, Tsangnyön, *La vida de Milarepa. El gran yogui del Tíbet*. Ed. Dipankara, 2012.]

Jiang, Jingjing, «How Teens and Parents Navigate Screen Time and Device Distractions». Pew Research Center. 22 de agosto, 2018. https://www.pewresearch.org/internet/2018/08/22/how-teens-and-parents-navigate-screen-time-and-device-distractions/.

Marchant, Jo, *Cure: A Journey into the Science of Mind Over Body*. Nueva York: Broadway Books. [Trad. Cast., *Cúrate: una incursión científica en el poder que ejerce la mente sobre el cuerpo*. Ed. Aguilar, 2017.]

Nierenberg, Cari, «The Strange 'McGurk' Effect: How Your Eyes Can Affect What You Hear». *Live Science.* 28 de febrero, 2017. https://www.livescience.com/58047-mcgurk-effect-weird-way-eyes-trick-brain.html.

NPR, «Bet You Didn't Notice 'the Invisible Gorilla'». *Talk of the Nation.* 19 de mayo, 2010. https://www.npr.org/2010/05/19/126977945/bet-you-didnt-notice-the-invisible-gorilla.

Newberg, Andrew, y Mark Robert Waldman, *Words Can Change Your Brain.* Nueva York: Penguin Random House. [Trad. Cast., *Las palabras pueden cambiar tu cerebro*, Ed. Libros Maestros, 2021.]

Pabongka Rinpoche, *La liberación en la palama de tu mano*, Ed. Dharma 2019.

Parker, Clifton B. 2015, «Embracing Stress is More Important than Reducing Stress, Stanford Psychologist Says». *Stanford News.* 7 de mayo, 2015. https://news.stanford.edu/2015/05/07/stress-embrace-mcgonigal-050715/.

Park, Soyoung Q., Thorsten Kahnt, Azade Dogan, Sabrina Strang, Ernst Fehr, y Philippe N. Tobler, «A Neural Link between Generosity and Happiness». *Nature Communications* 8, 2017. https://doi.org/10.1038/ncomms15964.

Radin, Dean, Nancy Lund, Masaru Emoto, y Takashige Kizu, «Effects of Distant Intention on Water Crystal Formation: A Triple- Blind Replication». *Journal of Scientific Exploration* 22 de abril, 2009. https://www.researchgate.net/publication/268983842_Double-blind_test_of_the_Effects_of_Distant_Intention _on_Water_Crystal_Formation.

Shackell, Erin M., y Lionel G. Standing, «Mind Over Matter: Mental Training Increases Physical Strength». *North American Journal of Psychology* 9.1 (marzo 2007): 189–200. https://www.researchgate.net/publication/241603526_Mind_Over_Matter_Mental_Training_Increases_Physical_Strength.

Shantideva, *El camino del Bodhisattva. El texto clásico de Shantideva.* Create Space Independent Publishing Platform, 2018.

Singh, Maanvi, «Food Psychology, How to Trick your Palate into a Tastier Meal». *NPR.* 21 de diciembre, 2014. https://www.npr.org/sections/the-salt/2014/12/31/370397449/food-psychology-how-to-trick-your-palate-into-a-tastier-meal.

Spanner, Holly, «What's the Smallest Particle?». *BBC Science Focus*. 19 de Agosto, 2023. https://www.sciencefocus.com/science/whats- the-smallest-particle/.

Sun, Sai, Ziqing Yao, Jaixin Wei, y Rongiun Yu, «Calm and Smart? A Selective Review of Meditation Effects on Decision Making». *Frontiers in Psychology* 6:1059. 24 de julio, 2015. doi:10.3389/fpsyg.2015.01059.

Szabo, Attila, y Katey L. Hopkinson, «Negative Psychological Effects of Watching the News in the Television: Relaxation or Another Intervention May Be Needed to Buffer Them». *International Journal of Behavioral Medicine* 14 de febrero, 2007. 57–62. doi:10.1007/BF03004169.

Tolstói, León. *Guerra y paz*. Alba Editorial, 2021.

Tzu, Sun, *El arte de la Guerra*. Dojo Ediciones, 2024.

Wegner, Daniel M., *White Bears and Other Unwanted Thoughts: Suppression, Obsession, and the Psychology of Mental Control*. Nueva York: Viking.

Weir, Kirsten, «The Lasting Impact of Neglect». *Monitor on Psychology* 45.6 (junio 2014). https://www.apa.org/monitor/2014/06/neglect.

Índice temático

Tabla de contenidos